创业教育

融入应用技术型人才培养
的机制与路径

CHUANGYE JIAOYU

RONGRU YINGYONG JISHUXING RENCAI PEIYANG

DE JIZHI YU LUJING

寇尚乾◎著

 四川大学出版社

项目策划：曾　鑫
责任编辑：曾　鑫
责任校对：孙滨蓉
封面设计：墨创文化
责任印制：王　炜

图书在版编目（CIP）数据

创业教育融入应用技术型人才培养的机制与路径 /
寇尚乾著 . — 成都：四川大学出版社，2019.12
　　ISBN 978-7-5690-3335-9

　　Ⅰ．①创… Ⅱ．①寇… Ⅲ．①地方高校－技术人才－
人才培养－研究－中国 Ⅳ．① G649.2

　　中国版本图书馆 CIP 数据核字（2019）第 284474 号

书名　创业教育融入应用技术型人才培养的机制与路径

著　　者	寇尚乾	
出　　版	四川大学出版社	
地　　址	成都市一环路南一段 24 号（610065）	
发　　行	四川大学出版社	
书　　号	ISBN 978-7-5690-3335-9	
印前制作	四川胜翔数码印务设计有限公司	
印　　刷	四川盛图彩色印刷有限公司	
成品尺寸	170mm×240mm	
印　　张	13	
字　　数	235 千字	
版　　次	2019 年 12 月第 1 版	
印　　次	2019 年 12 月第 1 次印刷	
定　　价	59.00 元	

四川大学出版社
微信公众号

前　　言

创业，是社会个体在掌握一定知识、能力的基础上，通过发现商机并进行商业化设计，从而使商业设计变为商业行为的活动。从广义上来讲，创业属于就业，但从特点分析，创业又不等同于就业，创业基于自身知识、能力基础，凭借个体兴趣爱好，是个体自主的、灵活的、适应市场的从业行为。一方面，市场经济的繁荣为创业提供了广阔舞台，另一方面，创业在实现个体人生价值、促进经济社会发展等方面的作用是显著的。因此，创业是市场经济的产物，又反过来服务于市场经济的繁荣，成为促进经济社会发展的有生力量。

当前，在我国高等教育迅猛发展的新形势下，大学生就业难已成为不争的事实，在用人单位举办的笔试面试环节中，几十人、上百人竞争一个岗位的现象不足为怪（当然也不乏一些岗位无人问津的状况，那是岗位的客观性因素或个体认识不到位的主观因素所致）。总体上讲，大学毕业生数量相对于社会岗位的数量而言，已经明显"过剩"。造成这种现象的另一个原因，是我国早已取消了大学生毕业即安排工作的制度，大学生毕业要通过人才市场，按照"双向选择"的解决落实就业问题。这样一来，一是用人单位选人的路子更多了，面更宽了，可以通过发布通知，面向全国乃至全球招聘人才；二是大学生就业的渠道更顺畅了，可以按照自己的专业所长和自身意愿，有选择、有侧重地到某些用人单位应聘。但是，在这种市场化、双向选择的用人机制下，容易出现这样一种状况：一方面，理论上讲，一些条件优越的用人单位很容易完成招聘计划，但是，为了招聘到更优秀的人才，他们一般将用人标准提高，因此，由于标准过高，实际上也容易造成招聘计划需要适当降低标准才能完成的情况；另一方面，按常规来讲，一些优秀的大学毕业生，一般很容易找到适合自身的工作岗位，但事实上，也难免存在这样的状况：一些优秀大学毕业生从业的真正目的，不是为了就业，而是为了实现自身人生价值，有的甚至放弃优越的就业机会而选择自主创业。这样一来，一方面是社会用人岗位少，大学毕业生多，造成大学毕业生就业难；另一方面，社会用人机制难以完全满足用人单位和大学毕业生两者的选择。这就导致相当一部分大学毕业生面临或选择自主创业，加之我国市场经济的日益繁荣和完善，大学生自主创业的空间、舞台和潜力越来越大，大学生自主创业日益成为一种司空见惯的社会现象。

比较宏观地讲，当前大学生创业，既迎来了良好机遇，也面临着严峻挑战。从机遇来讲，目前我国市场经济的繁荣、完善、稳定为大学生创业创造了日益优越的平台和空间，大学生创业大有所为，国家不仅有政策支撑，而且具有切实可行的支持措施，为大学生创业理顺渠道、肃清障碍、提供服务。从挑战来讲，我国经济社会发展处于转型升级、提高质量的重要时期，经济发展越来越倾向于依赖科技进步，社会发展越来越倾向于绿色生态，总体倾向于正态发展和科学发展，粗放型、以破坏生态为代价来发展经济的时代一去不复返。与此相适应，大学生对自身发展的期望值也越来越高，一些优秀的大学毕业生不仅仅满足于实现就业，而是希望参与高品质的创业，实现自身人生价值，为社会创造更多财富。

创业作为一种适应社会、量身定做的从业形式，是客观现实与主观追求的有机统一，是一种社会性活动，具有自身特点与规律。它不同于就业，是创业者个人的行为，具有个体性特征；它不同于学业，是创业者适应社会的活动，具有实践性特征。它是自主性与社会性的紧密结合，创业不仅需要与创业类型、层次相适应的知识、能力，而且需要与此相适应的创业意识、创业素质、创业品质。创业可以是自发的，但是自发的创业具有盲目性，在特定的情况下也许会成功，也许会失败，具有不可预测性。创业也可以是自觉的，在正确理论的指导下，按照个人的意愿自主行动。总体上讲，成功的创业都是自觉的，不是自发的。当然，自觉的创业并不一定是成功的创业，因为创业受到很多因素的制约与影响。

由此可见，创业需要教育。创业教育是自发创业和自觉创业相区别的重要标志，对大学生进行创业教育是时代的需要，大学生职业规划与实现人生价值的需要，也是高校立德树人的需要。创业教育在西方发达国家兴起较早，西方发达国家具有较多的创业教育成功经验。我国开展创业教育较晚，近几年对创新创业比较重视，出台了一系列政策文件，采取了一系列办法措施，大力倡导"万众创新、大众创业"，这在某种程度上促进了高校从响应国家政策的角度开展创业教育，目前大部分高校在不同程度上开展了创业教育，在培养创业人才方面进行了诸多有益探索，取得了一定成效。

但凡称之为教育，必然涉及教育的各种要素和方方面面的问题，大学生创业教育同样是一项系统工程，是高校人才培养过程的根本性变革和办学模式的重新构建，具有自身特点与规律。在人才培养过程中融入创业教育，必然涉及一系列教育问题：1. 创业教育是人才培养的有益补充和必要完善，更加注重人才培养模式的改革与优化。高校毕业生需要具有适应社会的创造性，具有一定的开创性品质、创业素质和创业技能。高等学校要充分整合校内外各种教育资源，将大学生培养成适应社会发展、能够成功创业的优秀人才。2. 创业教育是对社会需求的有效回应和人才培养的必要渠道，更加注重面向市场开放办学。高校应主动融入经济社会发展，寻找与社会合作的结合点和生长点，构建适应产业、行业、企业的创业教育运行机制，在创业教育机制的制度设计中要参考经济社会发展的元素，提升创业教育的实效性。3. 创业教育是专业教育的延伸和提高，更加注重与专业教育的深度融合与协调。高校要以人才培养的知识和能力要求为依据，把握经济社会发展对人才需求的特点，突出学生创业精神和能力的培养。通过建立创业教育体系，推动教学范式改革，强化实践教学和课外指导，将创业教育落实到教育教学的各个环节，深化产教融合，创造条件让学生有机会参与创业体验活动，全面提升学生的创业品质。①

应用技术型人才培养与创业教育具有天然的联系，二者不仅在人才培养目标、人才培养过程、质量评价等方面具有较大的一致性，而且在人才培养模式、人才培养平台、人才培养手段等方面具有相似性。应用技术型人才培养主要为区域经济社会发展培养生产、管理、经营的一线人才，创业教育具有类似的特点。同时，创业人才和应用技术型人才在标准上具有类似性，宏观上讲都是要适应经济社会发展，适应经济社会转型、信息社会、现代社会的需要；微观上讲是要胜任行业产业企业需求、一线要求、基层岗位要求，具有创新精神和将理论知识应用于工作实践的能力。因此，应用技术型人才培养和创业教育具有融合发展的天然基础和优越条件，实现二者的深度融合，对于培养应用技术型人才和创业人才，具有"1+1＞2"的效应，契合了两类人才培养过程的特点和规律。

当前，我国高校创业教育在办学实践与理论研究上存在双重不足。从办学

_____

① 邱有华. 转型背景下地方高校创业教育体系构建 [J]. 教育发展研究 2015 (Z1).

实践来看，面临三大问题：一是高校有效开展创业教育的体制机制和专业化工作体系尚未形成，创业教育是作为一种专业教育的"附加物"而存在的。当前的创业教育存在中央重视、地方落实难的倾向，在地方上尚无相应机构或组织予以支撑，创业教育缺乏实质性推动。二是创业教育尚未纳入教学主渠道，多数高校将其以"第二课堂"的形式来开展。出于种种原因，多数高校开展创业教育局限于学生管理和思想教育层面，尚未进入专业教学主渠道，现行的教学体系尚未形成对创业教育足够的支撑体制。三是高校的创业教育如何与社会接轨还有待进一步研究和实施。一些高校开展创业教育的模式比较封闭，多局限于校内，与社会结合的广度、深度还不够，尚未形成与市场对接的教育体系，这必然会影响创业教育的质量和效果。

从理论研究上讲，目前对创业教育研究的热潮很高，但层次不一，研究成果的科学性、权威性还有待考量，研究成果指导创业教育实践的可行性值得推敲，研究的范围过于宏观，对一些关键问题的研究不够深入，总体上尚未形成关于创业教育的全面系统、科学有效、层次分明的理论成果体系。

基于以上的问题和对问题的认知，本书立足于应用技术类型高校的办学实际，按照创业教育有关的国家政策，探索创业教育融入应用技术型人才培养的机制与路径。全书内容分为九章：第一章，创业教育与应用技术型人才培养的内在关系，在论述创业教育的定义、应用技术型人才内涵及培养模式的前提下，分析创业教育与应用技术型人才培养的内在关联，是全书内容展开的理论假设和逻辑起点。第二章，创业教育与区域产业的对接机制，鉴于创业教育与区域产业通过专业相互联结，因此，首先分析专业建设与区域产业的对接机制，在此基础上分析创业教育与专业体系的对接机制。第三章，创业教育与专业教育的融合机制，在分析创业教育与专业教育的耦合与联动机制的基础上，探讨基于应用技术型人才培养专业教学的创业教育运作模式。第四章，创业教育与创新教育的契合机制，在分析创业与创新关系的基础上，分析应用技术教育背景下创业教育与创新教育相结合的机制问题。第五章，创业教育与实践教学的贯通机制，主要从基于产教融合的校外平台和基于资源整合的校内平台两个大的方面来加以分析。第六章，确立质量标准是创业教育融入应用技术型人才培养的基本前提，首先分析了应用技术型人才创业教育的内在要求，在此基础上论述了应用技术型人才创业教育的质量标准。第七章，完善课程体系是创业教育融入应用技术型人才培养的主体任务，一是明确应用技术型人才创业教育的目标任务，二是完善应用技术型人才创业教育的课程体系。第八章，优化师资队伍是创业教育的关键环节，按照应用技术型人才创业教育对师资队伍的新要求，论述了应用技术型人才创业教育教师队伍建设的路径。第九章，构建评估体系是创业教育融入应用技术型人才培养的质量保障，从三个方面来加以分析论述：一是构建创业导向的创业教育评估目标，二是构建质量本位的创业教育评估体系，三是构建应用取向的创业教育评估方法。

在研究方法的选择上，鉴于研究内容的特点，主要采用了文献研究法、调查研究法和实证研究法。首先是文献研究。本书的研究内容涉及应用技术型人才培养和创业教育，需要从这两个研究点上收集与分析文献。从表面上看，目前关于应用技术型人才培养、创业教育的文献多而杂，主要集中于应用型人才培养模式、产学研合作、创业教育的策略与思路，等等，而对应用技术型人才培养模式的研究往往结合了专业教育，对创业教育的研究往往借鉴国外的经验较多，相比之下，将创业教育与应用技术型人才培养结合在一起的研究较少。因此，文献研究直接服务于本书研究内容的成分甚少，这里的文献研究，更多的是借鉴、参考和推理。其次是调查研究。鉴于文献研究可供参考的资料少，调查研究就显得格外重要，本书中虽然没有关于调查研究的资料和数据（因为有些数据难以参考和整理），但是，本书研究的路线和思路离不开调查研究，从应用技术类型高校实地考察人才培养过程、创业教育举措到从中了解创业教育融入应用技术型人才培养全过程的具体做法，调查研究为本书的研究和写作提供了第一手材料。最后是实证研究。重点分析论证创业教育的可行举措、创业教育融入应用技术型人才培养全过程的思路、对策，在机制构建、路径选择上分析必要性、可行性与具体做法，从应然性、实然性上加以权衡与思考，按照宏观、中观、微观的逻辑层次和质量、制度、保障的机制序列，全面系统地设计思路与对策，兼顾应用技术型人才培养及创业教育的特点和规律，综合研究与系统设计创业教育、应用技术型人才培养的机制、路径、模式、策略。

本书以专业教育与创业教育的融合为核心，从机制与路径两个方面切入，分为上下两篇，遵循从宏观到微观、从质量到制度的逻辑递进关系，全面系统地探讨创业教育融入应用技术型人才培养的机制与路径，为当下的应用技术型人才培养、创业教育寻求理论支撑与应用参照。在机制构建上，突出了专业的纽带作用，分析了专业与产业的互动关系、专业教育与创业教育的耦合机理、创业教育与创新教育的相关性、创业教育与实践教学的协调合一，从以上四个机制的构建来体现创业教育融入应用技术型人才培养全过程的基本思路。在路径探索上，强化了内涵发展，从质量标准、课程体系、师资队伍、评估体系四个方面进行探讨，形成了系统闭合、科学合理的创业教育新体系。总体而言，以机制建设为基础、以路径探讨为依托，全书全面系统地分析论证了创业教育融入应用技术型人才培养全过程的机制与路径，一方面丰富和创新了应用技术型人才培养与创业教育的理论体系，具有学术创新性和理论拓展性，具有重要的理论意义与学术价值；另一方面，对于机制与路径的具体化分析，在全面把握创业教育、应用技术型人才培养的理论与实践的基础上，探索将创业教育融入应用技术型人才培养的新思路、新模式、新策略、新保障，为应用技术类型高校开展创业教育指明了方向，具有重要的实践意义与应用价值。

寇尚乾
2018 年 5 月

目 录

第一章 创业教育与应用技术型
人才培养的内在关系

创业教育是以培养创业综合素质、能力为目的的一种特殊的教育形式，应用技术型人才培养的目的在于为行业、产业、企业培养一线合格人才，二者具有高度的一致性、贯通性和兼容性。本章主要分析阐述创业教育与应用技术型人才培养的内在关联，为后续的创业教育融入应用技术型人才培养的机制与路径奠定认知基础和理论基础。

第一节 创业教育的定义

创业教育虽然由来已久，但是至今没有形成一致的概念和统一的认识，为了明确创业教育与应用技术型人才培养的内在关系，本节主要对创业教育的定义和理论基础进行了全面分析和阐述。

创业，《现代汉语词典》将其定义为：开创建立基业、事业等[①]。从西方学者的认识来看，被誉为"创业教育之父"的 Jeffry A. Timmons 认为创业是通过发现和捕获机会而创造出新颖的产品或服务并实现其潜在价值的动态过程[②]。从这两个概念可以看出，首先，创业是开创性的活动，具有创新性，不是简单复制别人的做法；其次，创业强调的是尝试、实践和行动，创业不是空想，不是临渊羡鱼，也不是在万事俱备、十拿九稳的情况下才去决定并付诸实施的行为，创业具有挑战性、不可预测性甚至冒险性，因为创业只有在亲身体验过程中才有可能成功；再次，创业的意义在于两个层次：一是实现创业者的

---

① 中国社会科学研究院语言研究所. 现代汉语词典 [M].北京：商务印书馆，2012：116.
② 陶军. 高校创新创业教育研究综述 [J].昆明理工大学学报（社会科学版），2017（2）.

1

人生价值，二是服务社会发展。创业是社会发展的助推器，整合社会合理有序的创业，会极大地促进经济社会的发展与繁荣，为社会发展注入新的活力。

"创业教育"一词产生于 1989 年联合国教科文组织在北京召开的"面向 21 世纪教育国际研究会"这一会议上，创业教育作为一种教育理念首先由美国柯林·博尔提出，他认为创业教育是开发和提高学生创业基本素质和创业能力的教育[①]。1995 年，联合国教科文组织指出：高等教育的目的不仅是培养求职者，更是培养成功的企业家。关于创业教育这一概念，我国学者也进行了阐述。1995 年，彭钢在他的《创业教育学》一书中明确指出：创业教育是以开发和提高青少年的创业基本素质，培养具有开创个性的社会主义建设者和接班人的教育[②]。大部分学者比较认同的一个观点是：创业教育注重培养受教育者的创业意识、创业知识结构和创业能力等创业素质[③]。

以上阐述，大体上揭示了创业教育的本质内涵，代表了学术界对创业教育的主流认识，但是，对创业教育涉及教育内容的表述还不够具体。因此，在结合以上阐述的基础上，我个人认为，创业教育是一种培育创业意识、激发创业动机、获得创业知识、提升创业能力、形成创业素质、提高创业品质的教育活动。

一、培育创业意识

意识是人脑对于客观物质世界的反映。创业意识是创业这种社会活动在人脑中的反映，创业意识是创业活动得以开展的起点，在个体创业活动中起着重要作用，没有创业意识就不会有创业活动，在创业意识的支配下，个体才会有开展创业行为的可能性。实际上，创业就是发现商机、评估商机、运营商机的过程，在整个创业过程中，创业意识是前提。创业者一方面要具有与创业相关的知识、能力，另一方面要具有了解市场、捕捉商机的意识。创业者必须要有足够的市场敏锐度，能够宏观地审视经济环境，洞悉市场走向，从而做出正确的决策。创业意识由商业意识、转化意识、战略意识、风险意识及敬业意识几大部分组成。[④] 创业者要能够在商业意识的引领下，在机会来临时把握住机会，把商机转化成行动，把创业者的才能转化为生产力，创造出社会效益。

---

① 陶军. 高校创新创业教育研究综述 [J].昆明理工大学学报（社会科学版），2017（2）.
② 熊倩. 刍议科学发展观视阈下的独立学院创业教育 [J].科技创业月刊，2011（1）.
③ 陶军. 高校创新创业教育研究综述. 昆明理工大学学报（社会科学版）2017（2）.
④ 熊萍. 职业生涯规划 [M].长沙：中南大学出版社，2010.

创业意识不是自发形成的，是在外界有目的的干预和引导下，通过对创业活动的客观分析与正确主张，个体才逐步自觉形成的。个体也可以在创业活动的典型案例中形成自己的创业意识。创业意识有积极和消极之分，积极的创业意识可以促进个体开展创业行为，反之则成为创业活动的障碍。因此可以说，创业意识的培养是创业教育的第一环节。

二、激发创业动机

动机是个体从事某种社会活动的心理倾向性。创业动机是指个体基于生存或发展的现实需要，在创业意识的作用下所产生的希望创设一定的条件并促使自身实现创业行为的内在倾向性。创业动机的形成具有内因和外因两个方面：社会个体在知识、能力积累达到一定程度的时候，鉴于其对自我人生价值的认识，有些个体会产生从事某种行为的需要，以此满足自身的内在心理需要，在这种心理机制下形成的动机，称之为内在动机。就创业动机而言，较多体现为内部动机，一个社会个体只有在自身领悟到创业的价值、自身从事创业的基础与优势的时候，才会产生明显的创业动机。当然，对于具有同等程度的创业动机的社会个体，外部诱因的刺激程度决定了其创业行为概率的高低，外部诱因的多寡、正向与负向、强度大小等，都会制约或促进创业行为的起步。

创业动机也不会自发形成，而且，创业动机形成的程度，在不同的环境中有所不同。就内部动机而言，创业教育就是要通过创设有利条件、提炼积极要素，正面进行创业行为的分析与判断，提高学生对于创业的正确认识和积极态度，对创业成功与否的判断趋于合理化。其要消除学生对创业风险的不正确认识，培养敢于创新、敢于尝试、不怕失败的精神，对学生进行挫折教育，正确面对成功与失败；就外部动机而言，创业教育就是要积极创造正向诱因，通过聘请一些创业成功的校友、企业家到学校做创业讲座的方式，分享创业成功的喜悦，传递正能量，在创业文化的熏陶中促使学生将诱因变为动机，进行创业规划，进而实现成功创业。

三、获得创业知识

知识是人们对于客观事物的正确认识和科学判断。创业知识是指个体积累的与创业有关的经验体系，是实现成功创业所必需的经验集合体，有广义和狭义之分。广义的创业知识是指与创业有关的所有认知及经验的总和，只有系统地掌握了有关创业的这些综合性、基础性、广泛性的知识，才能为今后创业打下一定基础。狭义的创业知识是指与具体创业过程、步骤、方式等有关的具体知识，如创业计划的制定、创业资料的准备、创业程序的设计、创业环节的安排、创业计划书的编写、创业活动的申请流程、创业活动的开展，等等。可见，创业知识具有较强的综合性、宽泛性等特点，全面系统地掌握创业知识，需要长期的创业教育与反复实践。

同时，从以上创业知识的特点可以看出，创业知识的获得，不可能是单一的过程，需要与专业知识、人文社科知识、社会学知识、管理学知识、法律知识等相融合、结合、衔接，大学生创业教育需要贯穿在专业教育和人才培养的过程中，实现二者的互融、双向互动，在专业教育过程中，适当融入创业教育的成分和元素，使创业知识的形成有专业的载体，可以防止在创业知识具体应用上的支离破碎和无所适从。实践证明，将创业知识的培养与专业知识的培养紧密结合起来，具有较好效果。

四、提升创业能力

能力是生命物体对自然探索、认知、改造水平的度量。创业能力是指个体在创业意识、创业动机、创业知识的基础上实现成功创业所具备的一系列解决实际问题的技巧、办法、措施，主要包括对创业活动进行规划的能力、创业实践的组织实施能力、创业效果评价能力、创业拓展能力、提高创业效果的能力，等等。

创业能力的形成是一个理论和实践不断提升的过程，创业教育的核心任务就是培养个体的创业能力，实现个体成功创业。创业能力的培养，需要结合专业教育来进行，实现创业能力与专业能力的互相影响、互相作用、互相促进。在某种程度上，专业能力的提高，有助于创业能力的提高，反过来，创业能力的提高，对专业能力提出了更高要求。因此，在创业能力培养方面，结合专业教育来进行，是一条有效的途径。同时，在创业能力的培养上，要围绕不同专业学生的创业实践需要，开设相关的知识拓展类课程，使之与基于专业能力的创业能力链条相衔接，形成创业活动所必需的一系列能力体系。

五、形成创业素质

素质就是一个人在社会生活中思想与行为的具体表现。创业素质指大学生从事创业活动所必需的基本条件，包括对创业的认识、从事创业的基本能力、对创业活动进行全面规划的意识和能力、对创业活动的评价，等等，是一个人从事创业活动全过程所应具备的条件和能力的总称。创业素质是比较综合的概念，是创业活动所需要的各种知识、能力、思想等的总和。对于创业活动而言，创业意识、知识、能力等，都是必需的，但是，单独具有某一方面的素质是不够的，比如，只具备创业知识，不具备创业意识、能力，创业是无法开展下去的，同样，只具有创业能力，不具备创业知识、意识等，创业活动同样无法进行，因此，创业活动是个复杂的、社会性的过程，那么，这种活动对个体素质的要求也是很高的、很综合的，不是仅靠哪一方面的素质就能完成和实现的，成功的创业，必然需要全面的创业素质，并能在具体的创业活动中灵活运用这些素质，使之成为创业活动的重要支撑和使创业活动得以顺利开展的持久动力。

与创业素质的特点相适应，创业素质的培养也不是单一的，而是复杂的过程。创业教育要综合设计教育计划，遵循创业的基本规律，结合学生的接受程度与兴趣爱好，循序渐进、以点带面地有序展开，形成以创业意识培养为起点、以创业知识培养为主线、以创业能力提高为重点、以创业综合素质培养为主体的系统化教育体系，统筹规划、适当安排，做好创业素质培养的系统工程，分阶段、有侧重、按计划完成，对不同教育内容，采取不同的教育方式方法，取得预期效果，最终形成比较完善的系统的创业素质体系，使学生有能力驾驭创业规律、实现成功创业、取得创业实效。

六、提高创业品质

品质是指人的素质和物品的质量。创业品质即创业者的创业素质和在此基础上实现创业的效果、质量。创业品质反映了创业者的意志、效果、质量和水平，主要体现为创业者的独立性、适应性、克制性、坚韧性、合作性等方面和创业行为的质量、效果、水平、效率等侧面。创业品质是创业者内在行为特征与创业活动外在效益的综合，是主观能动性与客观实在性的有机统一。一般意义上来讲，创业品质主要侧重主观方面，指以个人从事创业活动所应具备的思想、知识、能力以及在创业过程中表现出来的境界、水平、修养的集合体，可以说，创业品质代表创业活动的最高要求，好的创业品质是创业活动的最高体现。

良好创业品质的形成，是创业教育的最终目的。创业教育要围绕创业的特点与规律，通过一系列环节和方面，提炼创业教育的要素，合理设计过程与环节，完善体制机制和制度体系，构建平台与培养体系，加强文化建设，打造浓厚氛围，整合资源，形成创业意识——创业动机——创业知识——创业能力——创业素质——创业品质的教育链条，通过理论课程、实践课程和实际操作，培养和锻炼创业综合品质，通过与专业教育的有机整合，提升创业教育的针对性、有效性，构建更高水平的创业教育模式，提高创业教育和人才培养的质量与水平。

总之，创业活动是一个复杂的社会实践活动，是大学生借助自身专业能力和社会实践能力从事某种自己选择的事业的行为，创业活动需要具备创业意识、创业动机、创业知识、创业能力、创业素质、创业品质六大要素[①]，创业教育就是围绕创业活动的六大要素开展的教育，是通过一定的方式方法，培养一个人的创业意识、创业动机、创业知识、创业能力、创业素质、创业品质的过程和活动[②]。同时，创业教育不是独立于专业教育之外的"另类"教育，而是与专业教育紧密结合在一起、二者互相影响、互相作用的综合性教育活动。

第二节　应用技术型人才的内涵及培养模式

创业教育与应用技术型人才培养在目标上具有某种程度的相似性，分析创业教育与应用技术型人才培养的内在关系，首先需要明确应用技术型人才的内涵及培养模式，在此基础上再加以分析论证。

一、应用技术型人才的内涵

应用技术型人才的概念是基于应用型人才的概念而提出来的。从广义上来讲，应用技术型人才也就是所谓的应用型人才，是在应用型人才的概念基础上，突出了技术应用的成分，是地方高校转型发展的产物和体现。弄清应用技术型人才的内涵，是弄清应用技术型人才培养与创业教育关系的前提。

从人才类型的角度来看，经济社会发展需要不同类型、不同层次的人才，

---

① 陶军. 高校创新创业教育研究综述. 昆明理工大学学报（社会科学版）2017（2）.
② 陶军. 高校创新创业教育研究综述. 昆明理工大学学报（社会科学版）2017（2）.

同时，不同的职业和岗位对人才的素质也有不同的要求，由此形成了人才的不同类型。按照国际上的分法，现在普遍认为，人才分为学术型人才、工程型人才、技术型人才、技能型人才四类。学术型人才是指主要从事科学研究和发现客观规律的人才。工程型人才是指将学术型人才发现的科学原理转化为规划、决策、设计等，从而使之产生社会效益的人才。技术型人才指将工程型人才的规划、决策、设计等转换为方案、规程、技术等，从而使之直接产生社会效益的人才。技能型人才是指运用操作技能来完成某项具体工作，从而使之产生相应具体效益的人才。总体上来讲，社会对以上四类人才的需求程度不是均衡的，从发达国家工业化、现代化进程的经验来看，经济社会发展对人才的需求状况呈现出"橄榄型"的特点，即学术型的拔尖人才和一般劳动者占少数，具有一定知识技术能力的应用型人才占大多数[①]。

"应用技术型人才"的提法，是地方高校向"应用技术类型高校"转型的过程中对人才培养类型和人才培养目标的新定位，具体上来讲，这类人才是将"应用"和"技术"紧密结合在一起的一种新型人才，总体上属于应用型人才的范畴，是注重"技术"应用的一类人才。这里的"技术"，是一种广泛意义上的"技术"，是蕴涵"科学、知识、工程、技术、艺术"等应用性科学与技艺含义的统称[②]。因此，我们认为，所谓应用技术型人才，是指以技术应用为中心，将学术型人才的科学原理或工程型人才的项目设计转换为技术方案、技术规程，从而为社会创造实质性效益的人才。

从以上应用技术型人才的概念出发，结合长期以来我们对应用型人才的普遍性认知，我们认为，应用技术型人才应具备以下基本特征：[③] 1. 具有创新创业精神。创新精神不仅是学术型人才的重要品质，应用技术型人才也需要创新精神的培养，因为在不同的一线工作情景下，技术创新也同样被需要，应用技术型人才应能够根据专业基础理论、基础知识来开发新技术，他们应具备一定的技术思想、技术方案表达能力，具体表现为对既有技术的开发、变通、组合等，以适应不同的工作要求。创新精神对应用技术型人才也尤其重要，一线工作纷繁复杂、具有千变万化的情景，工作场景与条件不一，尤其需要一线工作者敢于创造，应用技术型人才需要具备艰苦创业、自强不息、顽强拼搏、甘于奉献、勇于创造的创业意识和创业精神。2. 具有专业技术应用能力。能够在

---

① 张勤. 应用型高级专门人才培养与地方高水平特色大学建设 [J]. 中国成人教育，2013 (21).
② 胥刚. 新建本科院校转型发展的问题与对策探析 [J]. 国家教育行政学院学报 2015 (11).
③ 刘国钦，等. 高校应用型人才培养的理论与实践 [M]. 北京：人民出版社，2007：91.

掌握专业基础理论、基本知识的基础上，具备比较扎实的专业技术应用、开发、设计能力，能够将专业技术创造性地应用到具体工作场景，解决实际问题。不仅能够利用单一技术解决比较简单的实际问题，而且能够综合应用多项技术解决复杂的实际问题，还能够创造性地利用专业技术解决新问题。3. 具有文理兼容的知识储备。应用技术型人才虽然注重应用，但是应用的前提是具备知识基础，因此，应用技术型人才应具备扎实、系统的专业基础理论和专业知识，具备与实际工作相适应的社会、人文、自然科学知识，掌握科技开发的方法。具备终身职业发展的基础和能力，终身学习与成长，跟踪科技进步，不断完善自身知识体系，掌握新技术，适应新形势和新工作要求。

与以上基本特征相适应，应用技术型人才应具备以下基本素质：1. 具有良好的品格。品格是品质和人格的总称，应用技术型人才应具有强烈的事业心和责任感，具有不畏困难、敢于克服困难的坚强意志和勇气，能够在一线工作岗位上踏实工作，任劳任怨，吃苦耐劳，敢于拼搏，不畏困难，善于利用所学知识与能力克服困难，掌握规律，创造性地开展工作。2. 知识。知识是人们在改造世界的实践中所获得的认知和经验的总和，应用技术型人才的知识结构应包括三大部分：（1）基础知识。包括专业基础知识和广泛的人文社科基础知识、自然科学基础知识。（2）学科专业知识。包括专业理论基础知识、专业核心知识、专业拓展知识、工具知识、方法知识[1]。（3）管理与社会知识。包括经济管理、市场营销、行政管理、公文写作、社会学等方面的基础知识。3、能力。应用技术型人才的能力主要包括以下几个模块：（1）智慧能力。指运用知识去认识、理解和把握客观事物时所表现出来的心理能力[2]，包括注意力、观察力、思维力、记忆力、想象力等要素。（2）管理能力。包括决策能力和组织协调能力[3]，这些能力是较好地完成专业技术工作的基础。一是因为良好的决策能力可以使目标与手段达到最佳选择，二是因为随着科学技术的发展，一项工作完全依靠个人的历练是很难完成的，需要一定的组织协调。（3）应用能力。指将已有的知识和最新的研究成果转化为生产力的能力，是应用技术型人才的核心能力，包括实践应用能力，开发、研究、咨询和技术转化能力，设计、制造、技术操作能力等[4]。（4）创新能力。指人们在改造自然和社会的过程中的发明创造能力，应用技术型人才应具有创新精神和发明创造能力，包括

---

[1] 张勤. 应用型高级专门人才培养与地方高水平特色大学建设 [J]. 中国成人教育，2013 (21).
[2] 张勤. 应用型高级专门人才培养与地方高水平特色大学建设 [J]. 中国成人教育，2013 (21).
[3] 张勤. 应用型高级专门人才培养与地方高水平特色大学建设 [J]. 中国成人教育，2013 (21).
[4] 张勤. 应用型高级专门人才培养与地方高水平特色大学建设 [J]. 中国成人教育，2013 (21).

技术革新与改良能力、基于提高效率的工作创新能力、充分利用所学知识的创造性思维，等等。

总之，应用技术型人才具有丰富的内涵和特征，尽管因学科专业不同而有所差别，但在总体特征与素质要求上大同小异，与学术型人才、工程型人才、技能型人才均有质的区别。因此，应用技术型人才在培养模式上，也具有自身特点与要求，在把握应用技术型人才内涵、特征、素质的基础上，我们需要全面系统地分析应用技术型人才的培养模式。

二、应用技术型人才培养模式

应用技术型人才培养模式就是指以应用技术型人才培养为目标，为实现这一目标所展开的整个教育过程，包括教学管理、教学评估以及相应的教学方式、方法和手段。事实上，在确定了应用技术型的人才培养目标、标准与规格之后，其人才培养模式主要包括以下几个环节：

（一）应用技术型人才培养体系

传统的专业人才培养体系重点放在第一课堂教学上，即基本只放在了课堂教学和实践环节的规划上，强调教书育人，对第二课堂教学活动的管理育人、服务育人重视不够，对校园文化环境，特别是专业文化环境、学术氛围熏陶育人的重视程度较低，环境育人还没有纳入人才培养方案，学生进入企业实习的社会育人也未很好地纳入人才培养方案。因此，应用技术型人才培养体系的构建，应站在大教学的视角，站在全方位育人的层面，整体构建人才培养方案，形成系统的教学结构体系，从而实现教书育人、服务育人、管理育人、环境育人、社会育人的育人体系，真正实现素质教育。

在以上基本思路的基础上，应用技术型人才培养应设计"五位一体"的人才培养体系。"五位一体"的人才培养体系包括第一课堂教学、第二课堂教学、大德育教学、校园文化育人和企业文化育人五大模块内容（如图1-1所示）。

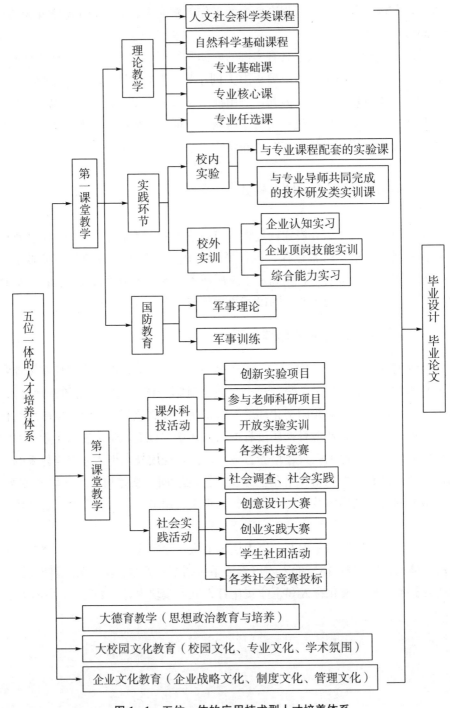

图1-1　五位一体的应用技术型人才培养体系

（1）第一课堂教学。又称教学计划，这点与传统本科院校没有太大区别，主要包括理论教学、实践环节和国防教育三个部分。第一课堂仍是人才培养方案的关键所在，各专业在设置第一课堂教学体系时需要明确目标，注重知识结构和能力结构的配合，设置"知识维"与"能力维"的对应矩阵，增加实践环节的分量，对传统的实践方式加以变革。理论教学体系设计是构筑学生知识维的主要阵地，课程体系构建应合理分配人文社科类课程、自然科学基础课程、专业基础课程、专业核心课程与专业任选课程的比例。专业基础课和专业核心课重在让学生掌握本领域的基本知识，需要难度适宜，没有重复内容，有适当的课程实验与之呼应；专业任选课设置的目的在于培养学生在本领域某些方向上的特长和创新性，属于拔高类课程，课程可以有一定的难度，授课及考核方式可以灵活多变。另外，课程体系设计上应充分利用"课程替代性原则"，设计一些可以被替代的课程和环节，鼓励学生用特色成就替代规定的一些环节，给学生自主选择的空间，鼓励学生特色发展。实践环节设计是构筑学生"能力维"的主要方式，实践体系设计应与理论课程体系一脉相承，校内实验与校外实践相结合。可以探索校企共建实验室的培养模式，培养学生的实际能力。

（2）第二课堂教学活动。第二课堂教学活动是人才培养方案的重要组成部分，在传统本科院校中，第二课堂教学活动大多与第一课堂教学方案完全割裂开来，仅仅被看作是学生活动，然而，对应用技术型人才培养而言，这部分恰恰是学生技术创新能力、创意设计能力、创业实践能力提升的最重要的环节之一。第二课堂教学活动包括课外科技活动和社会实践活动两个板块。课外科技活动与"专业导师制"密切结合，鼓励学生在课外从事一些本领域的创新实验项目、教师的科研项目、开放的实验实训项目以及各类科技竞赛，在专业导师的帮助引导下，提升学生对本领域的学习热情及知识与能力间的转换；社会实践活动依托于学校的学生组织（如学生社团、自律会、班团组织、兴趣小组等），鼓励学生参与一些社会调查、志愿服务、各类创新创业大赛、各类社团活动及各类社会竞赛投标活动，提升学生对社会的认识、增强学生的社会存在感和责任感、同时提升学生的组织领导能力。

目前，对于如何更有效地开展第二课堂活动、第二课堂与第一课堂怎样融合等相关研究在逐渐增加，有些地方高校以"素质拓展必修学分"的形式鼓励、要求学生积极参与第二课堂的训练，取得了不错的效果，但要取得更好的效果，需要在师资力量建设、整体教育管理理念及制度创新、校内外资源整合等方面进行进一步变革。

（3）学校大德育教育（思想政治教育与培养）。德育教育是促使大学生成为一个有素质、自律性强的公民的基础，大学生的德育教育不是仅仅停留在规定的理论课上，而是要贯穿整个学习过程，进入大学生教育、生活的所有环节中，进入到宿舍、进入到网络、进入到实训室、进入到实习企业，并要做到四年不断线，全面提高德育教育的针对性、有效性。应用技术型人才的德育教育，不同专业应当有各自的特点，确立明确而独特的德育观和办学宗旨，构建民主开放的思想政治教育新体系。

（4）大学校园文化教育（校园文化、专业文化、学术氛围）。走进一个大学就能感受到这个学校的校园文化、特色文化、学术文化；走进一个二级学院就应感受到这个二级学院的学科文化、专业文化、学术文化；走进一个实训室就应感受到这个实训室特有的车间文化、企业文化。这些文化的熏陶育人往往被人们忽略，而实际上这些文化的熏陶育人作用又是课堂文化无法替代的。

（5）企业文化的教育。对应用技术大学而言，学生在企业实习实训的时间很长，至少占全部学时的四分之一，企业的战略文化、制度文化、管理文化对学生的一生都有重要影响；更何况学生毕业后大部分都将进入企业，因此必须单独制定企业文化教育方案，并纳入人才培养方案总体设计中。同时，要加强创业教育，完善创业教育体系，增强创业教育实力。以创业学院为主阵地，以大学生科技创业孵化园为载体，构建"全员、全程、全方位育人"的创业教育良好格局，将创业教育融入应用型人才培养全过程，出台创业教育日常管理的一系列规范性制度体系，保障创业教育稳定、有序地开展，增强创业教育实效性。

（二）应用技术型人才培养的教学方法

对于应用技术型人才培养而言，什么样的教学方法才是有效的？评价标准是多元的、变化着的。我们认为，应用技术型人才培养的教学方法应该具有互动性、学生主体性、知识建构性，具体来看，主要体现在以下方面：

一是在教学方式上，以互动为主、采取多种教学方法。改变传统的以知识传授、灌输为主的教学方法，实行问题导向、师生互探的教学方式。学生在新授课之前应该通过预习，了解课程的内容体系与难点，对于存在疑问的地方，通过思考后，向老师请教。教师应针对学生存在的共性问题重点讲解，对于学生存在的个别问题，可个别指导。教师在讲解问题的时候，应该采用案例、问题解决等方式，便于学生理解和掌握知识与能力。教师应该预见性的引领学生对新知识和难点知识的掌握，通过引导，使学生如临其境，达到容易掌握的目的。二是在教学手段上，要采取现代教学手段组织教学。由以上应用技术型人才的特点及素质要求得知，应用技术型人才具有多规格、多要求、多标准，是"立体式"应用技术型人才，对这类人才的培养，在方法和手段上具有很高的要求。现代技术教育手段可以很好地契合应用技术型人才的特点与要求，便于知识与技术的教学。因此，应用技术型人才培养的教学比其他类型人才培养的教学具有更强烈的现代教育手段要求，现代教育手段的优势可以很好地满足应用技术型人才培养的教学需要。例如，现代教育手段可以将某一部件的工作机理、运行过程、标准规格等充分展现出来，给予学生如临其境、直观和便于理解的感觉，可以解决传统教学难以描述的困难，节省很多解释和描述的环节，达到很好的教学效果。三是在教学监控上，构建倾向于能力培养的教学质量保障体系。应用技术型人才，核心在应用能力，而非理论知识与学术创新。因此，应用技术型人才培养的教学监控，应以评价学生对专业能力的掌握为主。在教学过程中，要时刻围绕能力主线进行监控，关注学生能力形成的过程，纠正在能力培养中的偏差与不足，采取有力措施达成学生对能力的把握度。在课程考核中，应采取多种方式，围绕课程的能力重点，采取试卷、实践、操作、设计、应用等多种方式加强对学生的考核，而不应采取单一的试卷模式和简单的选择模式，充分反映学生的实际应用能力和实践操作能力。

同时，要充分利用数据网络、多媒体教学手段，提升教学效果。数据网络的运用对教学来说可谓是双刃剑，一方面学生过分沉迷于数据网络，影响了传统的知识传授，不少教师反映学生学习兴趣不浓；另一方面数据网络及各种移动终端技术给教学创造了极大的便利性，各类知识可以以更多渠道，更迅速地传递给学生，学生获取知识的地域限制、学校限制被极大地突破。应用技术型人才培养应该充分利用数据网络，构建数字教学平台，将全国甚至全球范围内的优秀课程引入到教学平台，破解地方高校教学名师缺乏的困境。优秀多媒体课件一般拥有内容丰富、拓展性强、界面精美有趣、充分满足教学及考核需要、使用方便快捷、随时可远端交流互动、和学生手机等移动终端便捷传输等多项特点，便于学生学习和掌握。

第三节 创业教育与应用技术型人才培养的内在关联

由以上分析可以看出，创业教育与应用技术型人才培养具有紧密相关性和价值统一性，二者在人才培养目标、培养途径、培养模式、教学方法、价值趋向上高度一致。弄清创业教育与应用技术型人才培养的内在关系，是创业教育融入应用技术型人才培养的逻辑起点，对于实现二者有机整合具有基础性意义。创业教育与应用技术型人才培养的内在联系主要表现在以下几个方面：

一、应用性——教育目标相通

"应用"是指将理论、观点、方法、成果运用于生产、生活实际，"应用"与"实践"从某种意义上讲可以对等，因此我们可以从理解实践的角度去把握应用的本质。应用性是应用技术型人才培养在培养目标上的体现，应用技术型人才培养要突出应用和实践，强化应用实践训练，教会学生实践应用的方法。对于应用技术型人才而言，应用的观测点主要是技术应用，这里的技术应用，不仅局限于掌握技术应用的手段、方法，把握技术应用的效果，还包括技术开发的能力，能够将适用于某一领域的技术，经过开发创造后应用于相似的技术领域，能够将单一的技术手段组合适用，也能够根据变化的工作场景，通过优化组合或删减，形成具有实际效果的技术应用形式。因此，应用技术型人才培养的根本目的在于应用，在于技术应用，人才培养过程应该围绕技术应用这一主线而开展。

创业教育的最终目标在于培养学生利用所掌握的专业技术知识和创业知识实现成功创业，实现人生价值，目的也在于"应用"。从创业教育的实施过程来看，也只有在实践过程中，才能培育创业的氛围，形成创业的能力，营造创业成功的机会。学生只有在具体的创业环境中，面对真实的创业情景，才能"点燃"创业激情，寻求创业的突破口，逐步实现创业积累，在创业过程中享受成功的喜悦、总结成功的经验与失败的教训，探索继续创业之路。创业教育离不开专业技术的支撑，是对应用技术的实践应用，由此可见，创业教育与应用技术型人才培养是紧密联系、互为支撑、互相联系的人才培养体系和过程，二者相得益彰，互相影响与促进。

二、技术性——教育内容相近

技术是人类为了满足自身需求，遵循自然规律，利用现有的科学知识、方法和手段等，在认识和改造世界的实践中，积累起来的知识、技能、经验、技巧和手段。技术发挥着科学与生产之间的桥梁作用。

技术性是应用技术型人才培养在教育内容上的体现，与学术型人才培养定位于发展科学有所区别，应用技术型人才培养关注技术，以技术为出发点和归宿点[①]，应用技术型人才培养秉承以技术为核心的教育理念，按照技术自身发展的规律，确定以应用技术为本位的办学定位、人才培养模式、学科专业设置，并在此基础上制定与之相适应的管理制度。

技术知识具有不同于以发现和认识客观世界为目的的科学知识，它是以应用和解决生产、管理、经营过程中的实际问题为目的的。但是，技术知识也具有相对独立的体系，具有自身独特的结构，是一个以解决生产劳动过程中的实际问题为指向的逻辑体系，与科学知识具有本质的区别，这也是应用技术型人才培养区别于学术型人才培养的重要特征。

创业教育以培养学生的创业意识、创业动机、创业知识、创业能力、创业素质、创业品质为主要内容，关键也在于技术应用，技术是其核心。创业不是凭空想象的虚幻的过程，而是真实情境下学生实实在在的职业发展行为，必须借助学生自身的专业技术知识。脱离了技术应用，创业教育就失去了支撑和载体，无论是创业规划，还是创业行为，创业教育都必须坚持以技术为中心的教学模式。创业教育从创业意识的培养，到创业能力的养成，技术教育占据重要地位，技术应用能力是创业者必备的核心能力，离开了技术支撑，创业实践就失去了载体，创业活动也就成为无本之木、无源之水。创业教育应扎根技术教育的土壤，通过扎实有效的教育，培养学生基于应用技术的创业能力，这与应用技术型人才培养具有高度的一致性和协调性。

三、开放性——教育过程一致

开放是提高教学质量的重要途径。一个学校、一个院系，其教育资源和教育能力是有限的，需要借助外在的、社会的力量。教育不是封闭的，需要与社会接轨，借鉴与参考社会上先进的东西，也需要根据社会需求办学。因此，教育是一个开放的体系，只有开放，才能生存与发展，唯有开放，才能提高教育水平，提高人才培养质量。

应用技术型人才培养不能局限于学校本身，应该坚持开放办学的理念，走开放办学之路。随着科技进步的发展，产业、企业、行业的先进技术不断取得新突破，社会对科学技术的需要突飞猛进，应用技术教育需要吸纳这些先进的成分和元素，将其融入到学校的人才培养过程之中，将技术理论与技术实践、

---

① 温景文. 应用技术大学发展要聚焦技术［N］. 光明日报，2015—4—21.

技术需要紧密结合起来。在培养过程中，应用技术型人才培养需要构建适宜的平台，在校企合作、产教融合方面进行探索，构建开放的教育模式，为学生提供适合的教学与实践平台，培养学生多方面的能力，尤其是产业一线所需要的实践能力。在校企合作、产教融合过程中，学校与企业、产业联合参与人才培养、联合制定人才培养标准、联合参与人才培养过程、联合评估人才培养效果。

同样，创业教育也是一个开放办学的过程。创业是社会性活动，创业实践是走向社会的过程，学校教育可以为学生提供基本的创业理论与技术知识，但是并不能使学生参与真实的创业情景。学校应该把学生引入社会，使学生参与产业、企业、行业的具体生产线，体验创业的真实情景，感受创业的环境与氛围，培育创业能力。从知识与能力层面看，创业需要多方面的知识、能力和技术，学生从书本上学到的理论知识完全不能满足创业需要。因此，创业教育要培养学生的创业能力，将书本知识与真实创业实践性知识结合起来，形成完善的创业知识、能力、技术体系，为实现成功创业奠定坚实基础。

可见，应用技术型人才培养和创业教育一样，都不能进行封闭办学，必须充分发挥其社会服务职能，注意地方社会经济发展的现实需求和发展动向，特别是要紧跟地方产业结构调整和企业科技发展规划，主动关注地方新兴产业的发展态势，积极为地方社会经济发展服务，甚至可以这样理解，只要是地方社会经济发展所需要的，就必须想方设法地加以满足。要进行地方社会经济发展对人才需求状况的调查与分析，针对各行各业人才需求的具体情况来培养应用技术型人才和创业人才。

总之，应用技术型人才培养与创业教育具有内在关联性，在培养目标、培养内容、培养过程上均具有高度一致性、兼容性、互补性，这些内在关联将成为创业教育融入应用技术型人才培养全过程的理论基础与实践基础。

上 篇

创业教育融入应用技术型
人才培养的机制

创业教育与应用技术型人才培养在目标、过程、路径等方面具有兼容性，二者具有融合的基础和优势，二者深度融合，不仅有利于创业人才培养，也有利于应用技术型人才培养。因此，创业教育融入应用技术型人才培养，具有必要性与可行性。将创业教育融入应用技术型人才培养的全过程中，主要应构建四个机制，本书上篇主要围绕以下四个问题展开论述。一是创业教育与区域产业的对接机制，主要涉及两个问题：专业建设与区域产业的对接、创业教育与专业体系的对接；二是创业教育与专业教育的融合机制，主要在人才培养目标、人才培养方案、人才培养模式三个方面加以分析；三是创业教育与创新教育的契合机制，主要分析创业与创新的关系、创业教育与创新教育的结合；四是创业教育与实践教学的贯通机制，从基于产教融合的校外平台、基于资源整合的校内平台两个方面来加以分析。

第二章　创业教育与区域产业的对接机制

从服务面向来看，应用技术类型高校主要为区域经济社会发展服务，培养适应区域产业与社会发展需要的应用技术型人才，因此，应用技术型人才的培养，要与区域产业紧密对接。鉴于此，探讨创业教育融入应用技术型人才培养全过程的机制问题，有必要首先探讨创业教育与区域产业的对接机制。创业教育与区域产业的对接不是直接的，而是以专业建设为中介。本章主要通过分析专业建设与区域产业对接、创业教育与专业体系的对接两个方面的问题，来明确创业教育与区域产业的对接机制问题。

第一节　专业建设与区域产业的对接

专业是学校与社会之间产生联系的桥梁和纽带，高校人才的培养与服务社会也是通过专业这个载体来实现的，因此，谈创业教育与区域产业对接的问题，也必然通过专业建设与区域产业的对接来分析。

一、专业设置与区域产业的对应机制

高校以服务经济社会发展为导向，地方高校的专业设置应与区域产业布局相一致，才能体现高校服务社会的宗旨。应用技术类型高校的宗旨在于为区域经济社会发展培养适用的人才，因此，其专业设置应与区域产业布局相对应。

（一）应用型本科专业设置的规程

专业是高校开展人才培养的载体，也是服务地方的平台。高等学校根据经济社会发展需要、以学科为基础、结合学校实际设置专业，各个专业有不同的

培养目标，同一名称的专业，设置于不同类型的高等学校，培养目标也各有侧重。

应用技术类型高校的专业设置应遵循《高等学校本科专业设置规定》（教高〔1999〕7号）对本科专业设置规定的原则、权限、程序，按照区域经济社会发展需要、以相关学科为基础、结合学校办学基础来设置，其中，区域产业发展需要是专业设置的重要影响因素，应用技术类型高校可以此为主要影响因素，结合学校的人才培养取向，因地制宜地设置相关专业，培养适应区域经济社会发展所需要的应用技术型人才。

（二）应用型本科专业设置与学科建设之间的关系

学科与专业是高校人才培养、科学研究和服务社会的重要载体。学科是科学性、理论性、系统化的理论体系，专业是应用性、实践性、模块化的知识体系。专业以学科为指导，是学科的延伸；学科以专业为载体，是专业的基础。因此，专业设置需要考虑学科基础，包括学术基础、师资力量、教学条件等，应用型本科专业设置还需要参照学校人才培养基础、服务社会情况以及区域经济社会发展需要的紧迫程度，要进行效益评估和风险评估，要进行广泛调研与判断，避免专业设置过宽或过细，避免交叉重复设置，要与区域产业结构相对应，突出人才培养、科学研究的应用性、适用性和针对性。

（三）应用型本科专业设置可以优先于学科发展

学科与专业的辩证关系说明，学科是专业的理论，专业是学科的应用，因此，一般情况下，先有学科，后有专业，学科先于专业，学科为主，专业为辅，专业是学科的延伸，专业应根据学科基础进行设置。但是，由于学科的发展是一个长期的过程，学科建设具有比专业建设更长的周期，学科建设比专业建设更复杂、要求也更高，因此，在经济社会发展需要特别紧迫的领域，可以优先设置专业，然后再逐步完善这一专业的上位学科。应用技术类型高校一般属于地方性、区域性高校，其办学宗旨是为区域经济社会发展培养应用技术型人才，这类高校的专业设置更具有灵活性、适应性，要根据区域产业发展状况和发展需要设置专业。另一方面，这类高校的学科建设往往比较薄弱，如果完全参照学科建设比较完善的综合性大学那样设置专业，显然在专业建设方面不占优势，不仅贻误了专业建设的时机，也影响了学校办学特色的形成。比较合理的思路是：在区域经济社会发展需要特别紧迫的领域优先设置专业，以既有的学科或相邻交叉学科为基础，在专业设置后，逐步完善学科建设，达到学科与专业互相促进和带动，目的是为区域经济社会发展培养紧缺人才，在服务区域发展的同时，不断提升学校自身的办学实力。

（四）应用技术型人才培养应建立需求导向的专业设置机制

应用技术型人才培养应紧贴区域经济社会发展需要，与区域经济社会发展融为一体，共生共长，应用技术型人才培养与区域经济社会发展是互相依赖、互相支撑、互相影响的关系。应用技术型人才培养的专业建设应立足于区域经济社会发展需求，构建适应市场需要的专业设置机制。一是在学科基础与市场需求的关系上，以市场需要为重点，兼顾学科基础。要跟踪市场需求，做好市场调研，明确专业建设方向，在此基础上整合学科资源，形成专业支撑。二是针对市场的未来需要，有前瞻性地设置专业。本科生的培养周期一般是4年，要满足市场的即时性需求，至少应该在市场的即时性需要前四年就设置这一专业。同时，市场的需要变化很快，现在需求的专业，4年后也许不再需要，或者说需求的量会减少，因此，完全按照市场的即时性需要设置专业，往往会偏离市场的需要。三是针对市场的发展状况，即时淘汰或重新设置专业。对于市场需求发生变化的专业，要及时淘汰或改变建设方向，做到最大限度地精准对接市场需求，使人才培养紧跟市场变化。其四，专业设置要突出产教融合，在整合学科专业资源等校内资源的同时，加强行业、产业、企业等校外资源的整合，为人才培养搭建平台，实现专业建设与区域发展的一体化对接与服务。

（五）应用技术型人才培养应根据区域支柱产业建设优势特色专业

优势特色专业是学校重点建设和发展的专业，是学校特色和核心竞争力的体现。应用技术型人才培养应按照区域产业特别是区域支柱产业的布局和需求状况，建设与区域产业结构相协调的专业，服务区域经济社会发展。这些专业往往具有符合市场需求的长期潜力，要加强教学资源的补充与延伸，利用校内校外两个平台、学校社会两种资源、理论教学与实践教学两个课堂、专职教师和兼职教师两个师资，将这些专业积极培育打造成品牌专业、特色专业，在服务社会方面体现高效益性。优势特色专业的建设要做到精、新、活。所谓精，就是精选，即按照支柱产业发展需求及走向，从众多社会需求中选择具有长期发展潜力的重点需求，打造具有典型性、代表性的专业；所谓新，就是创新，就是力求在专业的职业适应性、专业课程体系、专业教学方式等方面体现有别于其他相近专业的特点；所谓活，就是灵活，就是根据支柱产业发展走向和市场需求，适时设置新兴专业，培育新兴专业，形成新兴专业跟踪区域支柱产业动态的设置机制。

二、专业调整与区域产业的动态机制

专业设置不是一劳永逸的行为，应用技术类型高校应以区域产业发展需求及趋势为导向，根据变化了的情况，对专业布局进行动态调整，形成专业建设与区域产业的动态调整机制。

（一）根据新兴产业的发展需要，开设新兴专业

新兴产业是随着新的科研成果和新兴技术的诞生、应用而出现的新的经济部门或行业。新兴产业的发展必然需要与之相适应的人才，因此，应用技术类型高校作为区域性、地方性高校，为培养适应新型产业发展需要的大批合格人才，应适时设置与新兴产业相适应的新兴专业，为新兴产业的健康发展提供有力的人才资源支撑。同时，由于人才培养具有周期性，应用技术类型高校应根据新兴产业的发展趋势，分析判断其发展趋势和走向，有前瞻性地设置相关转业，培养适应新兴产业未来发展需要的合格人才，为新兴产业的顺利发展提供坚实后盾。总体来讲，应用技术类型高校设置新兴专业，应遵循两个原则：一是切合新兴产业的需求。在专业方向、专业口径、专业内涵建设上，要紧密契合新兴产业的需求方向、需求层次、需求重点，按照新兴产业的实际需求和未来需求方向设置新兴专业。二是在原有相近学科专业基础上增设新兴专业。新兴专业不能凭空进行设置，需要有一定的专业背景和专业基础，在师资队伍、教学资源、办学条件等方面上要予以充分考虑，也可以通过专业整合的方式来设置新兴专业，确保新兴专业达到专业建设的基本条件。新兴专业经过一个办学周期后，要进行本科教学合格评估，对达不到本科办学标准要求的，应停办或进行整改，直至达到要求，并在此基础上继续加强建设，做大做强，为新兴产业发展提供坚实的人才资源保障和科研支撑。

（二）根据产业升级与经济转型，提升专业内涵

产业升级主要是指产业结构的改善和产业素质与效率的提高，经济转型是指资源配置和经济发展方式的转变，包括发展模式、发展要素、发展路径等的转变①。产业升级与经济转型，都必须依靠科技进步，是科技进步的产物和体

---

① 陈霞. 中国经济发展的三大关键策略 [J]. 科技资讯，2011（4）.

现。产业升级与经济转型发展，必然需要更高素质的合格人才，需要高等教育着眼产业升级和经济转型的需要，提升专业内涵，构建更高水平的人才培养模式，培养高素质合格人才。为此，高校需要对现有专业进行结构性调整，对适应并支撑产业升级与经济转型需要的专业，要加强建设，对不适应产业升级与经济转型需要的专业，要适度调整或撤销，完善专业体系，提升专业内涵，增强专业活力，适应经济社会发展的新需要。

提高专业建设水平，一是要根据学科建设的情况。对于学科基础比较宽厚的专业，应根据产业升级与经济转型的需要，重点调整专业方向，形成系统比较完善的专业体系，该合并的合并，该分离的分离，该撤销的撤销，该新建的新建，目的是对接经济社会发展，适应产业升级与经济转型的需要。对于学科基础相对薄弱的专业，如果专业比较切合产业升级与经济转型的需要，应重点加强建设，在专业建设的同时，还要加强学科建设，使之逐步成为优势学科专业。如果专业不切合产业与经济转型的需要，则应考虑改造或撤销专业，相应学科也应与相近的学科合并或撤销。二是要根据经济社会发展需要。为了适应经济社会发展需要，除了上述对专业的适当调整之外，可以增设新专业，增设新专业有两种情况，其一是有学科基础，其二是没有学科基础。对于有学科基础的，增设新专业的主要任务是理顺学科与专业的关系，突出专业建设需要；对于没有学科基础的，需要从相近专业获得学科支撑，在专业建设先行的情况下，逐步加强学科建设，使之与专业相匹配，逐步完善新的专业建设和学科建设。

（三）根据区域产业结构的调整，优化专业布局

调整和建立合理的产业结构，目的是促进经济和社会的发展，改善人民物质文化生活水平。高等教育作为支撑国民经济增长的重要力量，应在办学方向上适应国家的产业结构调整需要，按照产业结构调整和产业布局需要设置与优化专业体系，形成与产业结构调整协调一致的专业布局。

应用技术类型高校应根据区域产业结构的调整情况，合理布局专业体系。一是优势学科专业对应支柱产业。围绕区域支柱产业建设对人才和科技的需求，谋划对应的学科专业，使学科专业体系与支柱产业紧密对接，加强建设，使之成为重点、优势学科专业，为支柱产业发展提供智力支持和人才保障。二是在事关国计民生的重要环节上，设置紧缺专业。事关国计民生的重要领域应设置相应专业，这些专业作为紧缺专业要整合资源和条件，重点加强建设。同时，要有前瞻性地做好产业调研，在未来即将产生的关键产业领域、紧缺产业

领域设置新兴专业，以适应产业发展趋势的要求。三是在公益性产业建设常规性专业。公益性产业具有相对稳定性，设置常规性专业，对于公益性产业的稳定发展具有重要意义，但是，对于常规性专业的建设，也要考虑规模适度的问题，特别是针对目前大学生就业过程中存在的一些问题，更要考虑专业设置的方向与规模。对于这些常规性专业，要综合考虑全国高校的招生数量、经济社会发展的需要、社会和用人单位的评价等因素，加以合理规划，做到统筹兼顾，协调各产业间的矛盾，进行合理安排，做到因地制宜、扬长避短、突出重点、兼顾一般、远近结合、综合发展。要超前做好调查与规划，当社会需求达到饱和的时候，就要相应改变专业方向或适当减少招生规模，当社会需求逐步增大的时候，要及时跟进，增加专业数量，扩大专业招生规模，以适应社会需要。四是要根据产业结构的变化，建立专业预警和退出机制。对于不适应经济社会发展、就业缺乏市场、社会需求相对饱和的专业，要及时做出预警与部署，在适当时候撤销该专业，将原有的专业资源予以整合到相近专业。

三、专业集群与产业链条的对接机制

产业链是一个复杂的系统和体系，反映了产业的延伸与拓展，是经济社会发展的载体。产业链的特点决定了其在人才需求上的特殊性，单一专业很难适应产业链的要求，高校的专业建设应围绕产业链条的特点，建设专业集群，对接产业链的需求。

1. 产业链的完整性需要专业群的结构性对接

产业链的完整性特征显示，单一的企业（行业）为了寻求经济利益最大化而选择优势区位，而产业链的整体发展又需要企业（产业）的分散布局，与相近产业（企业）融合发展，互相渗透，合作共赢，人才资源只有适应这样的产业（企业）发展需要，才能促进产业链的有序发展，这样的人才就是复合型人才。所谓复合型人才是指"一专多能"的人才，即在某一个具体的领域出类拔萃，在其他方面又具有一定能力，这也叫多功能人才，其特点是多才多艺，能够在很多领域大显身手。复合型人才包括知识复合、能力复合、思维复合等方面。

培养复合型人才对学科专业建设提出了新的要求，专业建设要突出学科交叉、知识融合与技术集成，重点培养学生的综合素质，其中一个侧重点就是要加强专业集群的建设。所谓专业群，就是以一个或多个实力雄厚、社会需求旺盛的优势专业为基础，吸纳多个具有相同服务对象、相近技术领域或相近学科基础的专业，组成一个专业集合体，这个专业集合体通常被叫作专业群。从专业群的形成和组建过程来看，专业群至少应具有以下两个方面的特征：（1）专业群内的若干专业往往是围绕某一核心内容而形成的一类专业，这类专业具有相同的服务对象和相近的技术领域。反映在教学上，各专业的人才培养目标类同，人才培养方案趋同，课程体系相似，实践教学相近，实验实训实习项目具有共同性，可以在一个框架体系中完成实验实训实习任务。这样的专业群特征不仅有利于整合教学资源，发挥人、财、物的整体优势，更有利于复合型人才培养。第二，专业群内的各专业具有相同的学科基础。专业背景、专业课程、师资队伍、教学管理、生源状况、培养过程、评价标准等方面在很大程度具有一致性，是学校在长期的办学实践中形成的，代表了学校的办学特色。这样的专业群特征，在组织教学、开展研究、服务社会等方面容易形成合力，有利于提升学科专业的实力和水平，也有利于学校（学院）办学特色的形成，最终有利于高水平的复合型人才培养。

2. 产业链的层次性需要专业群的立体化对接

产业链具有层次性。链环越是上行，其资源加工性、劳动密集性越是明显。产业链在上端和下端两个端点的延伸，不仅在发达地区和欠发达地区上有所反映，在同一地区的不同的产业之间也有所反映。比较成熟产业的产业链往往由于技术成熟、资金到位，而不断往下延伸，以便获得更多的附加值；相反，在比较薄弱的产业领域，则由于技术、资金等的限制，产业链往往集中在上端，所获得的附加值也少。产业链的这种层次性特征，也体现了产业链发展对人才的需求具有立体性，即：不管在经济发达程度不同的区域，还是在同一区域，由于产业的成熟程度不同，产业链对高端人才和低端人才的需求都不同程度地存在，只是在发达地区，由于产业链倾向于向下延伸，对高端人才的需求较多，在欠发达地区则相反；就同一地区而言，相对成熟的产业对高端人才的需要越来越迫切，而相对薄弱的产业则相反。

产业链的层次性特征说明，社会对人才的需求具有立体化规律，高校的学科专业建设应遵循而不是违反这一规律，对高端技术性人才、创新型人才的培养固然重要，但是对基础性、一般技术型人才的培养也不能忽视。同时，经济社会发展符合现实规律，社会对人才类型的需求呈现"橄榄球"的特点，即对高端人才和低端人才的需求占少数，社会发展大量需要的是居于二者之间的中端人才。这就说明，高校的学科专业建设需要整体规划、合理布局，既要重视符合"高精尖"产业需要的高端专业建设，也要强化那些与常规产业紧密对接的中端专业的建设，同时兼顾那些与薄弱产业需要相吻合的低端专业建设，形成高端、中端、低端专业建设相互联系、紧密对接产业、各得其所的学科专业建设格局，为经济社会发展提供坚实有力的保障。

3. 产业链的指向性需要专业群的非线性对接

产业发展具有不均衡性、分散性、集中性，几种特征并存，均是由于产业对利益的追逐所造成的。由于利益源分布的不均衡性、分散性、集中性，造成产业链具有一定的指向性。一是由于资源的分布不均，某种程度上造成了产业对资源的区位指向性；二是产业链对专业化分工效益的追求造成了劳动地域分工指向性；三是经济活动的路径依赖性和惯性使得产业链具有经济活动指向性。

产业链的指向性反映到对人才的需求上，也表现为不均衡性、分散性、集中性，产业环节需要的人才或多或少，或高或低，或强或弱，有时候具有分散性，有时候具有集中性，受产业链的指向性所决定。产业链的指向性和对人才的需求反映到学科专业的建设上，高校就应按照"非线性"特点加强学科专业建设。线性（linear）是一个计算机应用术语，指量与量之间按比例、成直线的关系，在空间和时间上代表规则和光滑的运动。非线性（non-linear）则指不按比例、不成直线的关系。建立紧密对接区域产业链的专业体系，需要在传统专业基础上加以结构性改造，围绕产业链的指向性，在关键领域、社会需求旺盛的领域设置核心专业，围绕核心专业打造专业群。同时，将已有的专业加以资源整合与适当取舍，改造旧专业，使用区域产业链需要，建设新专业，逐步将新专业建设成为优势专业。在整合专业资源的同时，加强学科之间的交叉与融合，兼顾学科发展与专业基础，形成结构合理、重点突出、对接产业链的专业布局。

第二节　创业教育与专业体系的对接

在专业建设与区域产业对接的基础上，借助专业的桥梁、纽带作用，进而建立创业教育与专业体系的对接机制，实际上就建立了创业教育与区域产业的对接关系。创业教育与专业体系对接，主要应构建以下几种机制。

一、创业教育的理念融入专业体系

创业教育不是独立于专业教育之外的另类教育形式，它与专业教育是融为一体的。将创业教育与专业教育割裂开来的做法，既不利于创业教育发展，也不利于专业教育创新，只有将二者有机结合起来，才能培养适应区域经济社会发展所需要的高层次专门人才。将创业教育与专业教育相融合，首先应构建良好机制，将创业教育的理念融入专业教育，这种机制的构建应围绕创业教育的以下理念而进行。

（一）个性化创业教育理念

创业教育的初衷在于培养具有独立判断意识、独立判断能力并实现成功创业的专业人才，而个性化是一个人具有独立思考、判断和做出决定的能力的标志之一，因此，创业教育内含个性化的教育理念。具有个性化的专业人才可以自我成长起来，但是环境有利与否对个体成长的快慢和方向有着决定性的影响，创业教育在培养个性化专业人才方面具有自身优势，这正是创业教育的价值所在。创业教育要遵循"创造性寓于个性之中"这一基本理念，积极开展个性化教育。个性化教育要求根据个体的特点与需求进行创造性的教育，而非采用整齐划一的、统一的教育模式，要遵循因材施教的原则，对教育对象施以有针对性的教育。创业教育需要将个性化教育的理念融入专业体系之中，要在不同的专业基础上，设计具有个性化特点的人才培养方案，尊重学生的主体地位和求知兴趣，充分发挥学生主观能动性，设计不同类型的课程体系、考核体系、培养目标、教学过程，充分彰显专业特色与学生个性，激发学生的求知欲望和探索动机，促进学生的自我实现，满足学生丰富多彩的内在需求和发展道路，真正将创业教育个性化人才培养的理念融入专业体系和专业教育，将学生培养成专业能力强、具有良好创业品质和创业个性的优秀人才。

（二）应用性创业教育理念

创业不是务虚的空谈，而是具有务实性的职业规划与实战操作，需要在具备扎实的专业基础知识和基本能力的基础上，根据自身特点、兴趣与擅长领域，进行有针对性的人生规划、职业设计、实务操作，逐步使自己成长、发展起来，在实现人生价值、社会价值等方面充分发挥个人潜力。创业过程是个复杂、系统的工程，需要各方面的知识、技能、素养、品质，是这些知识、技能、素养、品质的综合运用。因此，创业教育应遵从"应用性"的教育理念，培养创业者的应用能力。应用性的创业教育理念应贯穿于专业体系之中，使之在专业教育中得以落实。也就是说，专业教育在培养应用技术型人才的同时，应积极主动地使创业教育的理念得以贯彻，充分整合专业教育与创业教育资源，找准二者融合对接的契合点和关键点。具体上来讲，创业教育与专业教育的契合点在于应用技术型人才培养模式，关键点在于应用技术型人才培养方案。就人才培养模式而言，创业教育应与应用技术型人才培养协调一致、并行兼容（具体见第三章所述），从人才培养目标到人才培养过程再到人才培养的具体方式方法，要充分体现创业教育的应用性理念，培养具有创业精神、创业能力和创业品质的应用技术型人才，大力推进理论教学与实践教学的统一，使专业体系与产业链条相对接，培养学生解决专业领域实际问题的能力，教学过程要以产业面对的实际问题为主导，提倡以解决问题为中心开展教学内容设计；就人才培养方案而言，创业教育与应用技术型人才培养应实现"两位一体"，二者不可分割（具体阐述见第三章），要立足"应用性"基本内核，全面围绕这一内核进行教学方案的系统化设计，在教学目标、教学方法、教学手段、教学效果等方面紧密融合与嵌入，实现二者基本要素的互动、衔接、融合与合一，充分整合与凸显创业教育与专业体系的有效资源。

（三）创新性创业教育理念

创新是创业型人才必备的内在素质，创新与创业是紧密联系在一起的。培养创新型人才既是国家战略的需要，也是社会发展的需要。培养创新精神，也是创业教育的价值追求和基本理念，创业活动本身内含着创新的要求和元素，具有创新精神是创业的基本品质之一，在创业活动中，发现问题、分析问题、解决问题，本身也内在包含着创新的品质。因此，创业教育要树立"融创业于创新之中"的教育理念，在创业教育中培养创新精神、以创新精神引领创业实践。创新与创业是互相支撑、互相促进的关系，不能将二者割裂，创业教育和创新精神培养是一体化的教育过程。创业的逻辑起点往往产生于创新的苗头、设想、计划之中，具有创新性的大胆设想往往促进创业成功。创业教育要侧重对大学生创新精神的培养，要激发大学生发现问题、分析问题和创造性解决问题的能力，通过理论教学与实践锻炼，培养大学生善于分析、学会分析的习惯和能力，培养学生摒弃因循守旧的思维模式，培养学生的发散式思维、开放性思维能力，培养学生的批判思维能力。要培养学生利用所学理论、原理、知识、技能解决生活生产实际问题的能力，具有将生活生产中具有共性的问题选取出来作为创业的起点，不断优化方案，使之成为具有商业价值的创业计划。要善于寻找理论与实践的契合点，在理论与实践的契合点上做文章，形成具有实践应用价值和商业价值的创业计划，并付诸实施，逐渐走向成功。

（四）国际视野的创业教育理念

经济全球化背景下，创业者应具有全球视野和开放胸怀，创业教育作为培养创业者、企业家的教育方式，理应树立国际视野的人才培养理念。在"大众创业、万众创新"的时代背景下，一个具有价值的创业计划需要放在国际的平台上进行比较，才能显示出创业的必要性与可行性，避免重复前人或者别人的创业行为。同时，国外创业的成功经验，可以启发或促进自身创业，创业是全球性、全域性和全局性的行为，不能在封闭的环境中进行，更不能脱离创业环境而实施，创业需要融入国际大舞台。创业教育要培养具有国际视野的人才，首先就需要进行跨文化的交流合作，广泛借鉴与参考国外先进的经验与做法，提升自身的教育能力和教育效果，其次，在专业体系规划中要融入国际化的成分与元素，吸收全人类的最新科研与智慧成果，丰富专业体系与内容，让学生立足全球的视野与文化高地，不仅能增长见识，而且能开拓思维，形成能力，最后需要将全球化视野下创业教育的做法与全球化视野下专业体系建设的思路融为一体，互相补充、互相促进、互相影响，使之成为培养学生创业品质与专业能力的重要途径和载体。

二、创业教育的策略融入专业体系

我国高校开展创业教育的历史比较短暂，目前取得了一些进展，创业教育的理念在不断深入，创业教育的体系也在不断完善，创业教育的思路与策略越来越富于有效性。但是，作为一个新兴的教育领域，目前我国高校创业教育还存在一些突出问题和明显不足，特别是将创业教育融入专业教育全过程的思路不清晰、策略不明确，导致了创业教育与专业体系的对接与融合不够，人才培养受到影响。因此，从根本上来说，将创业教育策略融入专业体系，是目前高校创业教育面临的主要任务与关键环节。

（一）改革教学模式，将创业教育融入专业教学和人才培养全过程

目前，部分高校对大学生创业教育还未引起足够重视，没有把创业教育放在我国全面建设小康社会、实现科技强国、建设创新型国家的战略地位上来认

识和落实。将创业教育与专业体系紧密对接与融合，是目前创业教育的关键环节和重要举措。可以说，大力开展专业创业教育，引导、鼓励大学生依托专业创业，是当前和今后一个时期高校开展创业教育的重点。

在实施专业创业教育的过程中，要以专业知识和技能传授为载体，以行业发展、产业升级为引领，有效地促进学生从自身知识和技能出发、发挥专业的智慧和优势、激发学生创业的激情。离开专业给学生讲创业就会显得苍白而空洞，看似选择范围广阔，其实，缺少扎实的专业功底，缺少对行业发展和市场的深刻了解，更容易让学生感到茫然且不可把控。围绕专业开展创业，不仅在学习过程中可以适当弥补这些不足，未来还可以依托母校资源、校友资源，更容易开拓市场、克服挫折、借势借力，易于创业企业的长久持续发展，让专业知识和专业能力在创业的过程中得以充分发挥和利用，这是开展专业创业的优势所在。将创业教育贯穿人才培养全过程的关键是将创业理念、方法通过教育教学过程传递给全体学生。其中理论知识的传授是前提，实践能力的培养是重点，课程体系的设置是关键，专业教育的融合是难点。首先，可以借鉴国外先进的教育教学模式、课程体系建设先进经验，结合我国实际，统筹规划与完善创业教育与专业教育对接融合的体制机制，进而细化为制度体系，稳步推进创业教育有效开展。学校应按照自身的办学定位、专业特色、服务面向，完成人才培养方案的修订工作，构建具有自身特色的创业型人才培养体系。其次，要建立适应创业教育需要的教学管理模式。教学目标要注重激发学生的创业灵感，考查学生运用知识分析、解决问题的能力，积极探索破除"高分低能"积弊的有效途径和方法；要根据自身情况改革教学和学籍管理制度，设置合理的创业学分，建立创业学分积累与转换制度，实行弹性学制；要为有意向、有潜质的学生制订创业能力培养计划，建立创业档案和成绩记载系统，鼓励学生开展创业实验、获得专利和自主创业，并制定相应的规定办法和优惠政策。

（二）完善体制机制，促进创业教育与专业教育的有效对接

高校开展创业教育应加强体制机制建设，形成相对完善的创业教育顶层设计，实现创业教育与专业教育的对接与融合。从体制上来讲，高校要把创业教育作为促进高等教育改革、提高高等教育质量、提升高校服务社会能力，建设创新型国家培养创业型人才的重要抓手。要把创业教育工作纳入"一把手"工程，成立创业工作领导小组，强化顶层设计，统筹资源，形成较为完善的创业教育管理体制、运行机制和协同机制。由党委书记或校长任组长、分管校领导任副组长、有关部门负责人参加的创新创业教育工作领导小组；成立学校创业

教育指导委员会，组建创业学院或创业教育中心等专门负责创新创业教育的工作机构，并与教务处、学生工作处、招生就业处、科技处、产业处、共青团、校友办等部门齐抓共管创业工作，并制定和明确各部门职责分工及工作制度，采取有力措施推进创业教育。从机制上来讲，高校要把创业教育融入专业教学和人才培养全过程，需调动方方面面的力量，形成综合配套机制和合力。观念上，高校要认真贯彻落实国务院、省政府关于深化高校创业改革的若干工作意见，领会精神，因地制宜，研究策略，以深化创业教育改革为着力点，将培养创业意识和创业能力作为评价人才培养质量的重要指标，促进人才培养与经济社会发展。要把创业教育作为高等教育综合改革的重要抓手，要体现面向全体学生并贯穿人才培养全过程的指导思想，其核心是将创业理念、方法通过教育教学过程传递给全体学生，使学生都具有创业意识，并结合所学专业，使之具备一定的创新创业能力，为未来的职业发展奠定基础。创业教育需要站在国家的战略高度来思考，需要结合袁贵仁部长提出的六项重点任务做好顶层设计和规划。

（三）加强教师队伍与课程体系建设，夯实创业型人才培养基础

加强创业教育师资队伍建设，是高校开展创业教育的根本性环节。要着力提升教师创业教育教学能力，学校要充分认识教师是深入推进高校创业教育改革的关键，配齐配强专业教师队伍，明确全体教师创业教育职责，并纳入专业技术职务评聘和绩效考核指标中，加强对创业教育的考核评价。高校要积极采取在职培训、岗位交流、校企合作、考核聘任等有力措施来解决创业教育中专业化师资匮乏的问题，将提高教师创业教育的意识和能力作为岗前培训、课程轮训、骨干研修的重要内容，建立相关专业教师、创业教育专职教师到行业企业挂职锻炼制度，并不断完善高校科技成果处置和收益分配机制，鼓励教师带领学生创业。适当聘请创业成功者、企业家、风险投资人、职业经理人、知名创业校友等各行业优秀人才，担任创业课程兼职教师，加快建立一个由专业教师、创业人士、社会企业家、各行业优秀人才等专兼职结合的多元化专家型师资库。

同时，课程与教学是人才培养最基础、最关键的环节。完善课程体系、改革教学方法，是深化创业教育改革的核心。因此，构建依次递进、有机衔接、科学合理的创业教育专门课程群，形成完善的课程体系是开展创业教育的基础工程。在某种程度上，创业课程体系的完备程度直接决定着创业教育的质量和效果。高校必须明确创业教育的目标，从人才培养的高度对创业教育进行整体

设计，因地制宜选择教育模式，形成把培养目标、人才素质结构、教学计划、课程设置、实践教学活动等包括在内的合理的创业体系。课程内容不仅要包括创业基本知识，更应包括创业专业知识，此外还应辅以案例分析，并要求学生参加创业模拟实践课程，以提高学生的专业技能。创业教育是一个长期的人才培养工程，短时间内很难看到立竿见影的人才培养效果，为了确保教学效果最大化，要扩大小班化教学覆盖面，理论联系实际，讲透讲全创业的基本理论与实战策略，以便使学生更有效地将第一课堂所学的创新创业知识应用到第二课堂的创业实践模拟及实战中去。

三、构建创业平台，整合创业资源，理顺创业教育与专业教育关系

社会为大学生创业企业提供孵化和综合配套服务的平台较少。目前的科技园区、产业园区、创业园区侧重于创业企业的效益和成长性，对大学生创业企业的兴趣不大，支持力度也不强。因此，大学生创业孵化器、孵化基地、创业园等较为成功的有效运行机制还没有构建完成，经验和模式还没有成熟完善，鼓励、培养、促进大学生积极创业的作用尚未有效发挥出来。为此，创业教育迫切需要处理好以下两个环节的问题，以进一步理顺创业教育与专业教育的关系，促进创业教育与专业教育两位一体的人才培养新机制的日益完善。

（一）构建创业教育平台，提升创业教育效果

创业不仅需要理论知识，更需要实践知识。因此，创业教育不仅要进行理论知识的传授，更要进行实践技能的培养，仅靠课堂教学很难实现创业教育的目标。

创业教育具有开放性特点，需要借助各种平台的支撑和协作。学校应与企业事业单位联合搭建创业教育平台，提高创业教育的有效性。高校是创业教育的主体力量，要建立大学科技园、创业工场、创业俱乐部创业平台，积极开展有实效性的创业实训，为学生提供一流的创业机会，加强对大学生创业的指导，不断完善创业平台的体系、机制与运行模式。高校是联系企事业单位的桥梁，要主动联系政府、企事业单位以及社会组织，联合参与创业平台建设，联合设立创业专项基金，定期举办创业竞赛活动，为大学生创业提供机遇和舞台。高校要制定有关大学生创业的制度性文件，鼓励大学生参与各种形式的创业活动，激励大学生的创业热情，为大学生创业注入活力。

（二）整合创业教育资源，形成创业教育合力

创业教育是立体化、多元化的教育过程，仅靠学校的力量难以实现创业教育的目标，高校要发挥创业教育的引领、带动和辐射作用，充分整合各种教育资源，构建主体引领、多元参与、协作配合的创业教育格局，形成创业教育合力，提高创业教育质量。一是要理顺创业教育的体制机制，构建"一极多维"的创业教育格局。从顶层设计的角度谋划创业教育，建立完善的领导体制，构建科学的教育机制，形成以高校为主体、企事业单位多方参与、各种平台协调配合的创业教育体系，完善创业教育模式。遵循创业教育的特点与规律，加强课程体系建设与实践体系建设，形成完善的创业教育链条和开放体系，针对学生的不同需要，开设有针对性的创业教育，提高创业教育效果，促进更多的学生实现创业梦想。二是要与时俱进，适应信息化需要，建立信息化创业教育新体系。利用大数据，整合创业教育各种资源，构建具有信息化水平的创业教育模式，为大学生接受创业教育提供便捷服务，针对不同学生的创业需求，提供有针对性的模块化教育，提高创业教育的针对性、实效性、服务性和便捷性。

第三章　创业教育与专业教育的融合机制

　　创业教育与专业教育相融合，是提高应用型人才综合素质，发现问题、分析问题和解决问题能力的重要途径。创业教育以专业教育为基础，是对学生所学专业知识在实践中的运用与检验，是对专业知识的必要拓展。本章立足地方高校办学实际，结合创业教育的内在规律与特点，主要从创业教育与专业教育的耦合与联动、基于应用型人才培养的创业教育运作模式两个方面来探索创业教育与专业教育的融合机制，为有效开展创业教育和提高应用技术型人才的培养质量提供必要参考。

第一节　创业教育与专业教育的耦合与联动

　　在应用技术型人才培养过程中，创业教育和专业教育具有耦合关系，这种关系首先表现为创业知识和专业知识的耦合关系，其次表现为创业教育与专业教育的耦合运行。[①] 本节主要从创业知识与专业知识的耦合关系、创业教育与专业教育的耦合模型、创业教育与专业教育的联动三个方面，来探讨创业教育与专业教育的融合机制问题。

一、创业知识与专业知识的耦合关系

　　创业知识和专业知识作为人才培养的基础和载体，二者具有相对独立的知识逻辑性和内在关联性，在培养应用技术型人才方面具有针对性，按照创业知

---

　　① 张项民. 耦合视角下高校创业教育与专业教育的融合及实施路径 [J]. 重庆高教研究，2017
(5).

识和专业知识的体系进行人才培养活动，才能达到人才培养的预期目的。同时，创业知识和专业知识作为相对完善的知识体系，具有自身的结构性特征，这种结构性特征集中体现为模块化，即创业知识和专业知识在逻辑结构上具有模块化、衔接性和系统性特征，可以针对教育对象的实际需要，灵活选择适当的模块进行教学，达到因需施教、提高效率的目的。

（一）创业知识与专业知识的模块化特征

知识的模块化是一种管理和应用知识的有效方法，它通过一系列规则，将知识分为内容相对稳定、独立、单一的单元，各单元之间相互联系，整体累加构成知识的体系。具体而言，知识的模块化是指在一个相对系统、繁杂、整体的知识体系中，为了学习、掌握与使用的方便，可以将其分割为若干内容相对独立、类别各异的较小单元，相互之间内容稳定但又有衔接，模块的相加等于知识体系。

创业知识与专业知识都具有系统性、复杂性特征，为了便于教学和掌握，可以将创业知识和专业知识分割为若干模块知识，产生相应的模块化课程，每学期开设不同的模块化课程，学生把模块化课程全部掌握了，也就把创业知识和专业知识系统化地掌握了。创业知识和专业知识的模块化特征具体表现为以下两点。

1. 具有部分性和独立性"双重"特征

将创业知识和专业知识分解为模块化知识[①]，这些模块化知识相对于特定创业和专业知识的整体而言，都是子系统（sub-system）或子单位（subunit），一方面，模块化知识是创业知识或专业知识体系的有机组成部分，这些被分解出来的知识模块，只有与整个知识体系中的其他知识模块有机组合，才能发挥更大的价值，离开了整个知识体系中其他知识模块的衔接与支撑，单独知识模块的价值将难以实现。从这个意义上来看，知识模块是特定知识体系的有机组成部分，相对于整个知识体系具有部分性特征。同时，模块化知识之所以能够组成一个相对独立的单元，就是因为这部分知识能够相对完整地解决某一问题，是一个相对完整的知识体，相对于其他知识模块来说，它又是一个相对独

---

① 李红，高亮亮，纪德鹏. 基于系统耦合理论的创业教育与专业教育协调发展研究 ［J］. 现代教育科学，2017（6）.

立的知识体系①。

2. 具有耦合性

将创业知识和专业知识分解为模块化知识，由于不同的知识模块分属于不同的知识领域，要想让不同的知识模块之间有效地结合，而不受到彼此的负面影响，就需要解决好不同知识模块之间耦合的问题，形成前后有序、互相衔接、互相影响的知识模块体系，以便解决某一领域的实际问题。专业知识和创业知识，二者的作用是一致的，都是学生实现自身人生价值的必备前提，虽然每个相对独立的知识模块自成体系，相对完整，但知识模块之间只有相互作用、互相衔接起来，才能成为推动学生成功创业的基础，学生仅仅掌握某一个或几个模块知识，其知识体系是不完整的，在其发展过程中，其缺陷就会显现出来，学生在实现自身价值的道路上就会受到不同程度的影响。同时，专业知识模块与创业知识模块之间要产生耦合与联动，形成合力，促进学生掌握实现自身人生价值所需要的比较全面系统的知识体系。

（二）创业知识与专业知识之间的耦合关系

在创业知识与专业知识模块化的知识系统中，每一个模块化知识本身是一个独立的子知识系统，同时也是一个开放的子知识系统，必须与其他知识模块进行联合、协调以构成更大的知识模块或者知识领域。从知识模块本身来看，它是存在一定外部联系的独立知识单元。提升知识模块本身的作用，不仅要关注知识模块内部，还要关注知识模块之间的协调与配合，以实现知识模块之间的联动效应和协同效应，使知识发挥更大的作用。因此，创业知识与专业知识的耦合具有可能性和现实性，创业知识与专业知识的耦合也是二者各自发展与演进的基本要求②。

模块化知识在耦合的作用下，形成耦合系统。耦合有三种表现形式：当整体层次的组织表现掩盖了各部分的特征时，系统是紧密耦合的（tightly coupled）；如果各部分的特征未体现整体特征，系统可以被认定为非耦合的（decoupled）；松散耦合支持那种当整体的表现和部分的特征同时存在，整体的表现没有因为功能分散于各部分而失去核心或失去控制的情景。松散耦合理

---

① 张项民. 耦合视角下高校创业教育与专业教育的融合及实施路径 [J]. 重庆高教研究，2017 (5).

② 张继林. 价值网络下企业开发式技术创新过程模式及运营条件研究 [D]. 天津：天津财经大学博士论文，2009.

论使得我们可以同时考虑知识要素相互作用方式介于能进行控制和完全不受影响之间，并可以描述特定知识领域或知识系统为一组异质性、结构化的知识组合体，尤其是对于创业知识和专业知识这样的跨领域结合体①。

针对本书研究的创业知识与专业知识问题，我认为有必要明确采用聚焦于关系或者知识要素间的相互联结与作用的理论方法②，即上文所说的松散耦合理论，这种研究提供了新的分析视角。

二、创业教育与专业教育的耦合模型

知识的价值在于应用，应用的核心在于能力。因此，教育的目的，不仅在于使学生掌握静态的知识结构和要素，更在于通过掌握知识进而形成解决问题的能力。创业知识和专业知识的内涵很广，涉及的内容很多，粗线条地讲，创业教育的目标具体可划分为两大部分，即创业知识和创业技能，专业教育的目标可划分为专业知识和专业技能，以此作为设计创业教育与专业教育耦合的概念模型，然后在此基础上继续深化与改造，进而设计创业教育与专业教育的耦合形式。

（一）创业教育与专业教育耦合的概念模型

创业知识和专业知识分散于不同的课程中，而不同的课程由各自独立又相互关联的知识模块构成。同样，创业技能和专业技能也通过不同的实践环节来获得，不同的实践环节也存在着各自独立又相互关联的实践模块，每一个模块训练特定的技能③。由此，可以粗略地描绘出创业教育和专业教育耦合的概念模型（如图3-1所示）

---

① 张首魁，党兴华，李莉. 松散耦合系统：技术创新网络组织结构研究［J］. 中国软科学，2006（9）.

② 张首魁，党兴华，李莉. 松散耦合系统：技术创新网络组织结构研究［J］. 中国软科学，2006（9）.

③ 朱月月. 新建民办本科院校创业教育研究［D］. 武汉：华中科技大学硕士论文，2016.

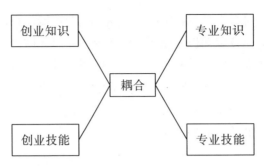

图 3-1 创业教育与专业教育耦合概念模型

当然，在明确各知识模块与实践模块后，可进行更深入的分析，如创业知识模块，又包括创业意识、创业思想、创业思维、创业技术、创业评价等小的知识模块，专业知识模块又包括专业基础知识模块、专业核心知识模块、专业拓展知识模块，等等。根据以上创业教育与专业教育耦合的概念模型[①]，可进一步将创业教育与专业教育耦合的概念模型做如下改进（如图 3-2 所示）：

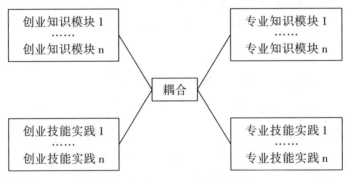

图 3-2 改进后的概念模型[②]

（二）创业教育与专业教育耦合的基本形式

相对而言，专业教育具有稳定性，专业教育的知识模块和实践模块处于相对完善和稳定的状态，而创业教育相对灵活。所谓创业教育与专业教育耦合，主要是创业教育如何在专业教育中体现的问题[③]。以下主要从创业教育知识整体性和创业知识模块独立性两个维度来构建松散耦合理论映像矩阵，表明创业

[①] 李红，高亮亮，纪德鹏. 基于系统耦合理论的创业教育与专业教育协调发展研究 [J]. 现代教育科学，2017（6）.

[②] 朱月月. 新建民办本科院校创业教育研究 [D]. 武汉：华中科技大学硕士论文，2016.

[③] 朱月月. 新建民办本科院校创业教育研究 [D]. 武汉：华中科技大学硕士论文，2016.

教育与专业教育的不同耦合形式（见表3-1所示）①。

表3-1　创业教育与专业教育的耦合形式矩阵

	低模块独立性	高模块独立性
创业知识 高整体性	Ⅰ 紧密耦合：独立创业课程	Ⅱ 松散耦合：创业知识融入专业课程
创业知识 低整体性	Ⅲ 非耦合：无专门创业教育安排	Ⅳ 离散非耦合：创业知识以讲座等离散形式影响专业教育

在第Ⅰ象限，创业知识具有高整体性特征，而其知识模块间独立性较低，这意味着创业知识模块只是整体创业知识的构成部分，作为整体的创业知识的特征掩盖了各创业知识模块的特征。在这种情况下，创业知识模块间关系紧密，不同创业知识模块以一体化的形式存在，而与专业知识模块无直接联系，表现在耦合形式上，典型的就是创业知识以独立课程形式存在于专业教学中。

在第Ⅳ象限，创业知识的整体性低，而其知识模块的独立性高，创业知识没有整体性表现，且与专业知识模块间不存在直接的耦合关系。在这种情况下，创业知识和专业知识均处在由大量知识构成的更大的知识系统中，也就是说创业知识和专业知识均保持高度的独立性，两类知识模块间没有直接互动关系，其教育效果只取决于受教育者的接受与理解能力。在这一耦合状态下，我们选择知名的创业成功人士开设创业讲座，将会大大增强耦合程度，因为成功者的经验可以跨学科、跨行业，具有他山之石的效果，而知名成功者恰恰又能强化这种效果。同时，如果这个更大的知识系统能够长期保持稳定，则可以深入探索如何在创业知识与专业知识离散的状态下，建立起两者的联系，以便取得更好的教育效果。

第Ⅲ象限的创业知识与专业知识耦合状态，既没有创业知识的整体性，也没有创业知识模块的独立性，也就是说在专业教育中不存在创业教育②。当然这不是我们要讨论的问题。

第Ⅱ象限中创业知识有较高的整体性特征，创业知识模块也存在较高的模块独立性。也就是说，在这种耦合状态下，创业知识的整体性表现和知识模块的部分特征同时存在，创业知识整体性特征并没有因为创业知识模块分散于专业知识模块中而失去，实现了不同知识领域中，具有异质性特征的创业知识与

---

① 张项民. 耦合视角下高校创业教育与专业教育的融合及实施路径 [J]. 重庆高教研究，2017 (5).

② 朱月月. 新建民办本科院校创业教育研究 [D]. 武汉：华中科技大学硕士论文，2016.

专业知识的跨领域结构化。

这种结果的实现，需要对创业知识模块和专业知识模块进行集成，集成过程不仅要考虑创业知识的整体性，也必须重视创业知识模块与专业知识模块间的功能互补和依赖关系①，即创业知识模块与专业知识模块间的匹配关系。这一集成过程中，知识集成者的角色及其集成原则、创业知识模块与专业知识模块间的匹配程度，都将影响集成效果，同时，也必然会影响到教育效果②。

三、创业教育与专业教育的联动

创业教育与专业教育的耦合能够提高创业教育的效度，二者的耦合要通过创业教育与专业教育的联动来实现③。创业教育与专业教育的联动体现在知识的联动，技能的联动，知识与技能教授主体的联动，教授平台与载体的联动，以及教授主体与教授对象和环境等方面的联动。

（一）创业教育与专业教育联动的动力分析

创业教育作为一种新的教育形式，日益得到各高校的重视与实施，创业教育与专业教育联动，具有内在的动力，这些动力主要来自以下几个方面。

1. 来自经济社会发展需求的动力

伴随着知识经济的不断发展，企业、国家之间的竞争实际上已经成为人才的竞争，人才是由教育培养的，因此，这种竞争实质上是教育的竞争。作为准公共产品的教育，具有巨大的外部效应，会带来巨大的社会价值；同时，作为一种投资，教育能够带给受教育者知识和能力的增长，并因此获得收入的增加，社会地位的提高，因而教育又具有典型的私人投资价值功能。无论是对社会还是对个人，教育都是需要投入的，也必然会有价值的差异。

传统大学教育的显著特征是专业教育的实施，随着知识经济与经济全球化进程的加快④，这种传统的专业教育出现了明显的问题，难以适应社会和企业

---

① 张项民. 耦合视角下高校创业教育与专业教育的融合及实施路径 [J]. 重庆高教研究，2017 (5).

② 张项民. 耦合视角下高校创业教育与专业教育的融合及实施路径 [J]. 重庆高教研究，2017 (5).

③ 李红，高亮亮，纪德鹏. 基于系统耦合理论的创业教育与专业教育协调发展研究 [J]. 现代教育科学 2017 (6).

④ 易玄，申丹琳. 我国大学创业教育和专业教育融合模式的探索 [J]. 创新与创业教育，2012 (2).

日益提升的需求，比如常会听到社会用人企业感慨大学毕业生多，但是适用的人才少，另一方面不少大学毕业生却又感叹学非所用，用非所长。这在一定程度上反映了传统专业教育需要加以完善。表现在教育效益方面，就是教育的社会价值不高，或者说教育的效益差。20 世纪 60 年代起，国家间的竞争和人才流动的加剧①，中小企业在以美国为首的西方国家迅速发展，同时大量依托专业知识的创业企业迅速发展壮大，为全球的经济发展注入了新的活力。为了提升教育的价值，借鉴发达国家，尤其是美国的经验，在传统专业教育中增加创业教育内容，提升创业与创新能力的培养，就成为提升教育社会价值，促进教育效益增长的有效手段。

2. 来自大学生就业需求的动力

我国自 1999 年开始高校持续扩招，高等教育逐步迈进大众化阶段，大学毕业生人数逐年增高，大学生就业压力也在逐步增大，大学生就业难成为当今的社会问题。随着大学毕业生就业压力的日益凸显，大学生创业成为缓解大学生就业难的必要途径之一，创业教育引起高校的普遍重视，很多高校开设了创业学，对大学生进行全程化的创业教育，这种通过创业教育培养大学生创业能力的做法，切实拓展了大学生的就业渠道，为大学生提供了更多的就业机会，促进了经济社会发展，有助于促进大学生个人价值的实现，很多大学生切身体会到了创业带来的实实在在的利益，创业教育在大学生成长道路上逐步成为一个有力的抓手。这就要求我们转变单一的专业人才教育目标定位，创新人才培养模式。培养学生创业精神与能力成为现代大学教育的新需求，也成为促进专业教育和创业教育联动的促进力量②。

（二）创业教育与专业教育联动的阻力分析

专业教育是大学的职能与职责，以专业教育为主导的大学教育，自然在教育理念、课程及教学内容设置、教育绩效评价及教师评价考核等各方面都对专业教育形成促进，对创业教育与专业教育的联动具有一定的制约，创业教育势必在专业教育占主流的办学实践中受到制约和影响，主要体现为以下几个方面。

---

① 易玄，申丹琳. 我国大学创业教育和专业教育融合模式的探索 [J]. 创新与创业教育，2012 (2).

② 易玄，申丹琳. 我国大学创业教育和专业教育融合模式的探索 [J]. 创新与创业教育，2012 (2).

1. 教育理念滞后

我国高等学校是在计划经济体制下成长起来的，虽然市场经济体制已经建立多年，高校的计划特征仍然明显，比如按统一设定的招生计划进行招生，这种教育由于忽略市场需求而导致一定程度上与社会、企业的需求脱节，这在一定程度上也加剧了就业难的现象，使得就业问题更加突出。显然，我国高等学校按照这种教育模式培养出来的人才，并没有适应因知识经济时代的到来及市场需求的变化对人才的能力结构提出来的要求。这种教育理念与经济社会发展需求相脱离，成为目前高等教育的内在问题和社会问题。

2. 师资短缺

总体上来看，目前高校开展创业教育，最大的障碍是师资，专业化的教师队伍缺乏，具体表现在以下几点：（1）专任教师缺乏。创业教育师资队伍多数为兼职教师构成[1]，兼职教师对创业教育的特点与规律掌握不够，开展创业教育教学效果不佳，实际上将创业教育改造成为了比较宽泛的专业教育，只是渗透了一些创业理念。（2）教师专业化程度不高。与专任教师缺乏相对应，大部分高校从事创业教育的教师，他们的专业化程度不高，缺乏创业实践与创业训练，创业教育教学缺乏针对性、有效性，创业教育没有真正步入规范化轨道。（3）创业教育师资队伍政策不畅通。一些高校没有真正将创业教育落到实处[2]，有关教师队伍建设的政策不畅通，教师培养、培训、激励的机制还没有真正建立起来。

3. 课程资源匮乏

创业教育有专门的对象，需要独立的课程体系。创业是一个全方位的社会性活动，它比就业更具有挑战性和复杂性。创业教育课程应体现创业特点和学生需求，遵循创业规律和社会发展。创业课程既高于专业课程，又不能完全脱离专业课程，二者应相互影响、相互作用，共同发挥创业人才培养的作用。从教材方面来看，一定程度上，创业教育在我国是一门全新的学科，其教材理论基础相对薄弱，作者们往往也缺乏创业实践，教材质量难以得到保证。尤其是创业教育的专业教材，对创业特点与规律的研究不够，教材所承载的理论、知识、技能的科学性水平不高，不具有专业化的水准，知识结构不合理，逻辑体

---

① 朱月月. 新建民办本科院校创业教育研究［D］.华中科技大学硕士论文，2016.

② 史晶，石茶. "四维一体"模式下大学生创业教育专业教育的有效融合［J］.高教学刊，2019 (3).

系不完善，这些都在一定程度上影响了创业教育的开展和质量的提高。

4. 教学评价不尽合理

总体而言，大部分高校重视专业教育教学评价，相对忽略创业教育教学评价，创业教育评价存在一些不合理因素。对从事创业教育的教师，其工作量计算办法与专业教学有所区别，折扣较多，教师从事创业教育的积极性不足。对创业教育领域成绩突出的教师，激励的程度低于专业教学。对在创业竞赛给予学生指导使学生获奖的指导教师，奖励的力度与专业教学相比，也处于弱势。对创业教学指导与评价的缺乏，导致创业教学质量不高。

（三）创业教育与专业教育的联动及其促进

1. 创业教育与专业教育的联动

根据创业教育与专业教育的耦合形式矩阵，创业教育与专业教育的耦合存在四种状态，其中三种要求创业教育与专业教育的联动（而其中创业知识缺乏整体性、知识模块也没有独立性的状态，即在专业教育中不存在专门的创业教育安排[1]，我们在创业教育与专业教育联动中不需要考虑这种情况）。根据创业知识整体性的高低和创业知识模块独立性的高低[2]，这三种创业教育与专业教育耦合状态分别是紧密耦合、松散耦合和离散非耦合，所对应的创业教育形式分别为独立创业课程、融入创业知识的专业课程和创业知识讲座[3]。

通过对这三种创业教育形式效果的调查结果发现，独立创业课程和创业知识讲座对学生创业意识及心态的培养都有较好的效果；而融入创业知识的专业课程则由于复合型教材和师资的缺乏在创业教育实践中基本不存在，即使这样，大部分被调查者仍认为这种教育形式效果会好于单一的创业课程和创业知识讲座，原因在于这种形式的创业教育和专业教育的结合更加紧密，更易于被专业学生理解和接受。

而在创业知识讲座与创业课程和融入型专业课程配合实施的情况下，创业教育的效果会远好于单一形式；创业课程和融入型专业课程配合实施，其效果则远不如前者。由此可见，虽然单一创业知识讲座的教育效果一般，但是当与

---

① 李红，高亮亮，纪德鹏. 基于系统耦合理论的创业教育与专业教育协调发展研究 [J]. 现代教育科学，2017 (6).

② 朱月月. 新建民办本科院校创业教育研究 [D]. 华中科技大学硕士论文，2016.

③ 张项民. 耦合视角下高校创业教育与专业教育的融合及实施路径 [J]. 重庆高教研究，2017 (5).

其他形式的创业教育配合实施，则会取得事半功倍的效果，尤其是由成功创业者来进行创业知识讲座的时候。

2. 如何促进创业教育与专业教育的联动

根据以上调查分析，促进创业教育与专业教育的联动，需要按照二者的特点与目的，进度与接点，统筹安排创业教育与专业教育的实施思路。首先，高校的教学计划要充分考虑与合理安排创业教育的课程与形式。要在人才培养过程中融入创业教育的元素与成分，为实现创业教育与专业教育的耦合提供前提与基础。其次，对教师的评价要兼顾创业教育的实施与成效。高校现有的教师评价中，往往是科研所占比例较高，如何评价创业教育、如何激励创业教育的开展，目前高校的考虑不多，可考虑将创业教育相关评价标准纳入到高校对教师的评价体系当中①。再次，创业教育的师资和教材要满足实际需要。即使有了上述教学计划安排和评价体系的调整，缺乏既懂专业又了解创业的师资，仍将是真正实现创业教育与专业教育联动的实质性障碍。目前大部分高校教师队伍建设的要求在向高要求发展，一般要求高学历、高职称，可这些教师很难具有创业的历程和知识，而真正的创业者，则由于受到学历的制约，往往不可能真正进入高校教学岗位，这种导师制很难适合创业教育的需求。传统上，国内高校使用的教材是由高校教师组织编写的，高校教师拥有较好的理论功底，却缺乏实践动手能力，尤其是对瞬息万变的市场难以驾驭，还需要考虑直接选用非高校教师，最好是受过良好高等教育的创业成功人士的著作，或者将这些著作作为参考教材使用。同时积极创造条件让专业教师与创业者加强合作，开发出一批具有一定专业前瞻性、又有较强市场适应性的适合专业创业的新教材②。最后，创业文化等对创业教育与专业的联动也存在一定的促进作用，但是，其促进作用不明显，而且会直接受以上因素影响。也就是说解决了教学计划、教学评价及师资、教材问题，会带来创业文化影响力的扩大，自然这种创业文化自然也会反作用于创业教育。

---

① 李红，高亮亮，纪德鹏. 基于系统耦合理论的创业教育与专业教育协调发展研究 [J]. 现代教育科学，2017（6）.

② 张项民. 耦合视角下高校创业教育与专业教育的融合及实施路径 [J]. 重庆高教研究，2017（5）.

第二节 应用技术型人才培养创业教育的运行模式

在上一节中我们提出了创业教育与专业教育耦合的模型与联动机制，基本反映了创业教育与专业教育相结合的内在规律和基本过程。创业教育与专业教育相融合，还需要在明确二者耦合关系的基础上，探索二者的有效运行模式。创业教育与专业教育的运作模式有很多，这里我们主要探索基于专业教学的创业教育运行模式[①]，以此作为创业教育与专业教育相融合的典型模式。根据以上创业教育与专业教育耦合的机理，参照目前大部分高校在专业教学中实施创业教育的具体做法，我们粗线条地概括出以下创业教育与专业教育融合的几种运行模式。

一、以专业课程带动创业教育

课程建设是高校教学建设的重要环节，课程建设也是实现创业教育与专业教育耦合模型中第Ⅱ象限所表达的创业知识与专业知识耦合的重要性形式，应用技术型人才培养以专业课程教学带动创业教育，是创业教育与专业教育融合最基本的形式。应用技术型人才培养的课程建设具有自身特点、要求与目标，应以人才培养目标为导向，兼顾创业教育需求，对传统意义上的高校课程加以取舍与改造，进行合理化设计，并遵循以下基本原则。

（一）对接市场需求，明确创业导向

应用技术型人才是面向生产、经营、管理一线的人才，其培养过程应紧密对接市场需求，在此基础上加以课程设计，这不仅满足了应用技术型人才培养专业教育的需要，也满足了对学生进行创业教育的需要，因为创业也是面向市场和生产、经营、管理一线的行为。在市场经济条件下，市场在一定时期内是知识价值的试金石，尽管这种效用具有很强的暂时性和功用性，但必须承认在当下的特定时期，它确实是一个重要的、实用的、社会公认的考察指标。具体来说，就是在市场变化趋势与技术进化路线的匹配性等情况下，对专业知识进

---

① 姚燕. 山西本科高校创业教育课程建设问题与策略研究 [D]. 山西师范大学硕士论文，2018.

行综合改造与合理运用。

（二）完善知识体系，兼顾创业需要

应用技术型人才培养的专业教学需要按照知识发展的规律，把基础理论知识（普遍性）与实际问题（特殊性）相结合，在创业教育与专业教学的结合点上，要以专业知识发展逻辑规律为主体，附之以创业基本知识。专业知识的发展更新，必须具有两个条件，其一是专业知识发展本身逻辑的科学性；其二是这一专业知识经受得起现实或实验的检验，即一项好的专业知识或专业技术必须经得起市场的检验。知识发展的前沿性，致使知识发展逻辑与市场发展逻辑在某些方面是不同步的，但经得起市场检验的专业知识或专业技能是绝对过关的。我们在进行专业教育与创业教育的结合时，应注重在专业知识生成的框架下，使每一个环节在不同程度上融入创业元素。如知识获取环节在考察知识本身更新程度外，需要关注一下市场的反应；知识应用、知识传递环节要关注市场的成熟度、潜在市场的开发成本与时机等。

（三）做好学科衔接，拓展创业能力

随着科学技术的发展，学科之间的分化在加剧的同时，学科间的联系也在加强，即双加强趋势。科学技术协会副主席、中国科学院副院长李静海院士在2012 年发布《我国 23 个学科呈四大发展趋势》时指出，要以问题为导向，促进学科交叉融合。在解决科技发展前沿问题及影响国家经济进步、社会可持续发展等重大问题的过程中，相关学科的各类资源会以多种方式实现有机整合，在逐步交叉、渗透与集成的基础上，产生新的生长点，萌芽新学科。相关学科的交叉融合，能够进一步促进原始创新和集成创新，从而获得更多的科学发现和重大的技术发明，形成更具竞争力的产品和产业，由此不断提高自主创新能力[①]。因此，要在确定专业学科与创业学科之间的关系的基础上，进一步明确二者交叉融合的环节、途径、方式、契合度等各个方面，使专业教学面向市场与生产实际，与创业教育有机结合，实现二者的融会贯通和协调发展。

（四）实施分段教学，激发创业动机

专业教学已经有一套相对成熟的体系与模式，创业教育却还是一个新的课题。实现专业教育与创业教育结合首先要尊重教学对象——学生的需求和

---

① 2012 中国科协 23 个学科的年度进展状况，科技——人民网，http://scitech.people.com.cn.

选择权。学生对教育的需求和兴趣点，是我们应该坚定不移开展研究和探索的对象。由于大学生在中学阶段及以前，对社会生活的实际，对企业、商业知之甚少，很多学生对社会的了解是在大学期间社会实践活动和相关的社团活动中获得的。低年级对专业知识了解不多，在创业教育方面基本不涉及专业，通常以一般的商业、营销、会计、管理等企业知识的介绍为主。到了高年级，随着基础课、专业基础课和专业课的学习，学生对专业知识有了基本清晰的认识和理解，创业教育就要紧扣专业知识，结合专业知识研究市场需要，开展专业技术市场预测、潜在需求诊断预测与开发机遇把握，学习运用资本市场推进专业开发、技术进步的能力，学习产品、产品市场附加值开发、知识产权的保护与资本运作等。实践证明，分层教学能够比较有效地激发学生的创业动机。

二、以专业实践促进创业教育

专业实践是每个专业教育的必修课，旨在强化专业意识、熟悉专业环境、锻炼专业技能。专业实践一般分为课程专业实践和综合专业实践两个方面，课程专业实践是专业课教学的一个基本环节，主要是通过与课程内容相关的实践实习，让学生熟悉专业课的基本要求、专业知识运用的基本场景和条件，加深专业课程与实践环节联系，为运用专业课理论知识解决生产实践中的具体问题奠定基础。

综合专业实践是基于整个专业培养目标而组织实施的专业实践，这类专业实践与课程专业实践相比，具有更大的系统性和综合性。通常的组织方式是依托某一专业对口的单位或多个专业性岗位让学生直接参与专业性的生产、开发等实际流程，使学生对整个专业培养目标有一个基本的、概略性的认识，使学生能够站在专业培养目标的高度思考、解决生产实践中的具体问题，而不是就事论事、碎片化解决问题。以专业实践促进创业教育，就是要借助专业实践载体，嵌入创业教育，实现二者的互相促进。以专业实践带动创业教育，需要正确处理与协调以下几个方面的问题。

（一）专业实践与创业实践的区别

1. 社会实践性

专业实践界定在专业理论的对应性应用，是为了体现理论与实践的统一，强化运用所学理论知识解决实际问题的能力。创业教育具有更加开放的视野与格局，它强调的不仅仅是专业理论重视的应用，而且突破了利用专业理论知识解决实际问题的上限，更加强调创业实践的重要性，在创业实践中培养和锻炼创新创业能力。创业实践更加贴近社会，贴近现实，开展市场调研与跟踪社会发展，在具体项目上进行创业实践，形成适应社会的创业能力。

2. 系统综合性

创业教育集创新创业意识培养、创新创业能力培养、创业创新人才培养于一体，创业实践需要各方面的知识，也需要开放的渠道和途径，是学生融入社会的过程，与专业实践相比，其更加具有系统综合性特征。专业实践是线性的理论与实践对应，创业实践是非线性的知识与实践的契合。创业实践需要系统的组织，也需要分散式的个人行为，具体应根据创业实践的不同需要而有所安排。创业实践更加注重学生的终身能力培养，是全方位的、开放式的创业活动，旨在培养学生各方面的社会性知识与能力，具有实战性、操作性、具体性的特征，为学生将来就业、创业提供终生职业能力。

3. 成果转化性

专业实践强调理论知识的应用，不具备成果转化的性质。创业实践需要利用理论知识，转化为商业行为，开发新的产品，具有成果转化的性质。创业实践要在创业教育与专业教育相结合的基础上，利用专业理论知识，结合市场需求，寻求市场机会，开发新产品，设计新流程，提高科技成果的转化与使用。创业实践不仅仅是开发实践，也可以是创业研究，探索如何将专业理论知识转化为市场所需求的具体化产品、设计、技术等。同时，创业实践也需要与高校、企业开展深度合作，整合有效资源，进行联合开发，创造新的商机，提升创业空间。

（二）专业实践促进创业实践的基本形式

目前，各高校积极探索创业实践的新思路、新模式、新形式，一般来讲，专业实践促进创业实践有以下基本形式。

1. 专业创业社团实践

学生社团是指学生为了实现会员的共同意愿和满足个人兴趣爱好自愿组成的，是按照其章程开展活动的群众性学生组织。学生社团是依据社团章程，结合学生自身兴趣，在全校范围内招募组成的学生组织。这种学生组织打破了传统意义上学院界限、专业界限、班级界限，是一个全新的自组织形式。专业创业社团，是社团的一种组织形式，与一般的学生社团不同的是，专业创业社团旨在强调专业和创业，也就是这种社团基本上是以具备某种专业知识和学科背景或对某一专业知识有兴趣的学生参加的学生社团，这些社团的学生在一定程度上具有创业意愿，愿意在社团中学习实践与创业相关的知识和能力。在有些情况下，为了弥补单一专业知识难以应对创业的实际，有的专业创业社团会有意识地吸收一些跨学科的学生如管理学、市场营销、会计学、法学等学生参与进来，有的专业创业社团在开展项目运作时实行跨社团合作，邀请工科类专业社团或社科类社团合作，共同完成专业项目创业运作。目前各高校专业创业社团比例逐渐上升，学生社团结构已经改变了过去艺术性的、素质性社团居多的发展局面①。

2. 职业岗位实践

职业岗位实践是指为大学生创设职业岗位的校内外活动场所、以培养大学生从事创业活动所必备的意识、能力、视野的实践形式。职业岗位实践按照"以企业为中心"的理念，使学生进入真实的生产线，从事现场的企业一线生产与经营，掌握企业核心技术，了解企业经营管理模式，学习企业运行的基本流程，培育自身创业意识，为自己从事创业奠定职业背景基础和真实的一线生产经验基础。在具体的组织安排上，企业可以将不同年级、不同班级的学生分学期、分期分批派往不同企业的不同生产岗位实践，将顶岗实习与半工半读相结合，实现专业实践教学与企业岗位训练相结合②。大多数学生通过创业岗位实践，提高了专业知识运用能力，提高了就业与创业能力，熟悉了职业尤其是岗位的基本要求，为顺利就业打下了坚实基础③。

3. 大学科技创业园

大学科技创业园是指学校或地方为大学生自主创业提供的专门活动场所，又称"孵化器"。大学科技园通过提供基本的商务服务、中介服务和资本运作服务等服务来营造良好的创业环境，吸引高校中具有技术创新能力和科研成果的师生来开拓创业④。大学科技园有效整合创业资源于一体，将学校、企业和社会的各种资源根据创业需要加以分类整合，构建良好的创业平台，通过开展创业实践培训、创业精品课程等形式，丰富大学生创业教育的内容与体系，帮助大学生实现创业梦。大学科技园通过信息网络整合，发布商业信息，为大学

① 《高校创新创业教育运行机制研究》《学术论文联合比对库》2017-06-05.
② 《高校创新创业教育运行机制研究》《学术论文联合比对库》2017-05-22.
③ 《高校创新创业教育运行机制研究》《学术论文联合比对库》2017-05-22.
④ 《高校创新创业教育运行机制研究》《学术论文联合比对库》2017-05-31.

生创业提供信息化服务。通过商业中介服务、提供资金支持等形式，为大学生创业提供真实情境下的务实支持。通过专门培训，为大学生创业在项目谋划、创业计划书的制作等方面提供具体化指导，助力大学生创业。

三、以项目参与推进创业教育

项目参与式是指以项目为载体，学生开展本专业的科学研究或者参与教师的科研项目获取专业实践经验，体验市场变化。项目参与式有两种形式，即学生自主申报创业项目、学生参与教师创业项目。学生自主申报创业项目是指学生根据学校发布的项目指南或根据自己兴趣选择项目，学校或社会资助项目，学生邀请老师指导项目[①]。项目指导老师分为专业教师和创业导师两类，学生可根据自己对项目把握的情况选择一个或两个导师，全程指导项目。学生参与教师创业项目，是指学生参与专业教师承担的国家、地方及行业的科研项目。

1. 学生自主申报创业项目

学生自主申报项目开展研究，是一种区别于课堂教学的学习方式。学生在项目研究过程中拥有高度的自主权，根据项目研究需要，可选聘项目指导教师[②]。指导教师分为两类，一类是专业教师，主要把握设计的合理性和项目研究的科学性，一类是创业导师，一般由企业家或具有一定的管理、市场等知识的从事创业教育的教师担任，这些导师主要是对项目设计的市场需求分析、可行性研究、项目内容市场化的技巧及管理等问题进行把关、提出建议。学生自主申报创业项目是一种网络化、立体化的学习方式（如图3-3所示）[③]。

---

① 《高校创新创业教育运行机制研究》《学术论文联合比对库》2017-05-31.
② 《高校创新创业教育运行机制研究》《学术论文联合比对库》2017-05-22.
③ 《高校创新创业教育运行机制研究》《学术论文联合比对库》2017-05-22.

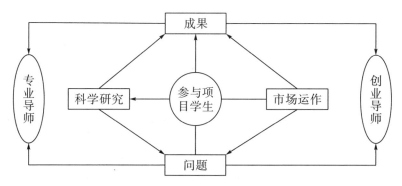

图 3-3 学生自主申报创业项目流程

项目研究可以充分发挥学生自主潜能，使学生在动态中学习，全面提高知识运用和创新的能力。通过项目研究，教师与学生都发生了角色转换，老师成为建议者、激励者和协助者，学生由过去被动的倾听者、跟随者、配角、课程的受众，转换成集计划者、执行者、决策者于一体的复合角色共同体，在研究过程中，学生与老师平等地交换意见、共同思考、主动融入、信息共享，从而激发学生的创业热情，培养创业能力，丰富学习过程，促进了专业学习，同时也体验了创业的风险。学生除了提高专业科研能力外，项目的组织管理能力、协调合作能力、对外交流交际能力、团队建设与领导能力等都得到了全面的锻炼和提高，这些也是创业所必备的素质和能力[①]。

2. 学生参与教师创业项目

学生参与教师创业项目是学生直接参与教师的科研项目。教师科研项目多是本专业前沿性、创新性的项目，具有更高的专业水准。专业教师能够掌握本专业的前沿问题和专业发展的基本趋势，跟社会交往很紧密，学生参与教师科研项目，在教师那里能够了解专业前沿重大难题和生产实践中所存在的技术难题，能够跳出书本，走出课堂，俯察专业教育，形成对专业教学的立体视野。同时，学生在参与教师的科研项目过程中可以学到很多课堂上、书本上学不到实践经验，通过科研实践提升创新思维，增强动手能力，学习组织管理及策划能力，为发现专业创业机会提供坚实基础，尤其是市场和实践基础[②]。学生参与教师创业项目，可以更多地接触到项目导师，受到老师高频度指导，只有全程参与教师科研、创业项目，才能算是真正意义上的研究性学习、创业学习[③]。

---

① 《高校创新创业教育运行机制研究》《学术论文联合比对库》2017-05-22.
② 《高校创新创业教育运行机制研究》《学术论文联合比对库》2017-05-22.
③ 《高校创新创业教育运行机制研究》《学术论文联合比对库》2017-05-22.

四、以产教融合激发创业教育

产教融合即办学过程与产业发展紧密对接，整合各种资源，并服务于人才培养、科学研究与经济社会发展，学校与产业相互配合，发挥各自优势，形成强大的研究、开发、生产一体化的办学格局。产教融合推进创业教育就是以创业为导向，以产学研为平台，开展创业教育的一种教育方式。产教融合推进创业教育主要是依托学校（或科研院所）专业人员科研实力和企业（产业）的市场反应灵敏性，围绕着教学或科研链、产业链和利益链形成有效联结这一关键点，使创业教育内容更加丰富①、更加实用，使创业教育更加切近市场实际，更加真实，更加有效。产教融合推进创业教育，一般有学校主导型、企业主导型和混合型三种模式②。

（一）学校主导型

学校主导型产教融合推进创业教育是以学校的专业教学团队或科研团队为基础，从研发到生产再到销售形成一体化的公司制模式。在这一模式中，参与的学生学习了专业知识的运用、科技产品的研发、科研项目的管理、研发产品的市场开拓等，可以说这是一种全程式的创业教育与专业教育的融合模式③。学校主导型产教融合推进创业教育是学术型创业者培养的有效方式，人们普遍认为"大学教师创业成功"是学术型创业家的必由之路，学术型创业家应该是在一定的环境中，将其技术、知识与企业家素质、能力完美结合的产物④。学校鼓励大学研究人员与企业建立联系，参与到企业的新产品开发等过程中，学校给予教师宽裕的时间和更柔性的管理，与企业合作完成后，教师可以继续为公司工作，也可组建自己的高科技公司。

（二）企业主导型

企业主导型产教融合，在现实中大多是以委托研究或委托开发的项目形式

---

① 刘荣. 当代中国美术院校的创新创业教育模式探索［D］.《学术论文联合比对库》2017－3－30.

② 刘荣. 当代中国美术院校的创新创业教育模式探索［D］.《学术论文联合比对库》2017－3－30.

③ 刘荣. 当代中国美术院校的创新创业教育模式探索［D］.《学术论文联合比对库》2017－3－30.

④ 《高校创新创业教育运行机制研究》《学术论文联合比对库》2017－05－22.

进行的。一般操作是企业根据行业与产业发展的前沿，或者生产实践中存在的技术难题，提出需要合作项目，以合同的方式确定双方的权利义务，实现合作。这种模式是企业由技术的引进消化、模仿创新再到自主创新的必由之路，也是大学走向社会，面向经济发展主战场的有效渠道①。在此过程中，通过科技人员的桥梁作用，打通了学校与企业的合作通道，实现了学校的创新要素向企业集聚，形成产学研合作的长效机制。同时，参与其中的学生的创新能力和创业素质得到了实实在在的提高，有的甚至直接进入合作研究的企业工作，成为企业研发的中坚力量。企业主导型产教融合推进创业教育，对学生的市场意识、客户意识的得高及以市场的思维方式开展科学研究和开拓事业提供了很大帮助。实践证明，这种创业教育模式更贴近市场、更贴近企业、更适合于基于专业教学的创业教育的发展②。

（三）混合型

混合型产教融合推进创业教育是指由大学（研究机构）与企业形成的一个利益共同体，一般是由大学或研究部门提供专家、教授等研究人员，企业提供研发资金、相关设备、实验条件（或者利用大学现有的实验设备与条件）、企业研发及技术人员等组建共同机构或项目组，打破产学研界限，根据项目需要对研发人员重新组合形成优势互补、充分交流的新型团队组织③。这种模式一般通过技术联盟、技术开发中心、产业技术创新战略联盟、创新实验室（中心、基地）等机构表现出来。这些机构可以是独立法人、二级法人或相关实体，这些研发实体在实际上也衍生出一些创业公司。混合型产教融合推进创业教育，与企业主导型不同。企业主导型是以企业为主导，以合作研究的协议为框架开展的。混合型中还存在着大学与企业的磨合。由于双方价值取向和科研定位的差异性，在选题、研究路径、成果使用与公开的方式都需要认真研究。学生参与这类模式，除了学习科研与市场知识外，还将学习大学与企业价值观、研究理念、运行机制、利益分配、合作途径、冲突解决等方面的实际经验。这些对大学生创业中整合各种资源、协调各种力量、助力创业成功都有很重要的意义和价值④。

---

① 《高校创新创业教育运行机制研究》《学术论文联合比对库》2017—06—01.
② 《高校创新创业教育运行机制研究》《学术论文联合比对库》2017—05—31.
③ 刘荣. 当代中国美术院校的创新创业教育模式探索 [D].《学术论文联合比对库》2017—3—2.
④ 《高校创新创业教育运行机制研究》《学术论文联合比对库》2017—05—22.

第四章 创业教育与创新教育的契合机制

通常意义上，人们习惯于将"创新"与"创业"相提并论，却对二者的区别与联系认识不够，对创业教育和创新教育的关系认识不到位，特别是在应用技术型人才培养的框架内，有必要重新认识与界定创业教育与创新教育的关系，以此作为应用技术型人才培养创业教育的理论基础和逻辑起点，从机制构建上理清二者的契合关系。

第一节 创业教育与创新教育的关系

在信息化、全球化和知识化的经济时代，创新和创业能力成为一个国家核心竞争力的重要表现之一。创新是人类社会发展的不竭动力，因为当今社会的发展依靠科技，而科技进步依靠创新。创业是经济发展新的增长点，是驱动社会发展的重要力量，因为科技创新成果只有转化为可应用的技术，才能转化为现实生产力，而将科技创新成果转化为现实生产力的，正是创业。在理顺创新与创业关系的基础上，进一步理顺创业教育与创新教育的关系，是本节的主要任务。

一、创业与创新的关系

创新与创业在促进经济社会发展上是相辅相成、相得益彰的关系[①]，二者是促进经济社会发展的"双引擎"。分析创新与创业的关系，首先需要明确创新与创业的概念。

---

① 桂南岭. 论高校创新教育与创业教育的关系 [J]. 株洲工学院学报，2005（3）.

（一）创业的概念

从文字构成分析，创业由"创"和"业"组合而成。"创"有"开拓"、"创造"、"从无到有"之意[1]。"业"有"事业"、"基业"、"立足社会"之意。"创业"往往和"守业"相对，强调开创性[2]、增加财富积累、实现可持续发展、创新发展。《孟子·梁惠王》中讲道，"君子创业垂统，为可继也"，意指"开创功业，奠定一个传统，从而使后世都能够继承下来"。诸葛亮的《出师表》中也有"先帝创业未半而中道崩殂"之句。这其中的"创业"一词是指"开创帝业"。现代汉语中的"创业"一词更多地是指"开创事业"。教育家陶行知先生曾讲，"人生志在创业"。毛泽东同志曾讲到，"学校要着力推进思想教育，实施遵守纪律、艰苦创业的教育。"邓小平同志也指出，"中国搞四个现代化，要老老实实地艰苦创业。"习近平总书记在 2014 年中央经济工作会议上指示："市场要活、创新要实、政策要宽，营造有利于大众创业、市场主体创新的政策制度环境。"2015 年 3 月 5 日，李克强总理在全国"两会"所作的政府工作报告中，提出"大众创业、万众创新"的双创驱动发展战略[3]。

作为一个学术概念，"创业"的定义有狭义和广义之分。从狭义上来讲，"创业"一般指"创建新企业"，英文中经常用"Start-up"一词。从广义上来讲，"创业"指"开创新事业"，英文倾向于使用"Entrepreneurship"一词。"广义的创业"不只是建立新企业，兼有经济、政治和社会意义。经济意义上的"创业"已经突破了"创业就是创建新企业"的狭义范围，将"内创业"（Intrapreneurship）和"社会创业"（Social Entrepreneurship）也纳入了创业研究领域；政治意义上的"创业"主要是指创立基业；社会意义上的"创业"主要是指创新事业，通过各种资源的整合创造价值，这个价值并不仅仅是经济价值，还包括社会价值，非经济领域的创业更是把社会价值放在首位[4]。

本研究认为，尽管学界对"创业"一词从创新型活动、识别与获取机会、生涯发展等视角进行了定义。但一直以来在教学和科研工作中接触到了许多"创业"定义，从中进行比较后，总的来说，本研究更倾向于哈佛大学斯蒂文森教授所提出的概念，即"创业是不拘泥于当前资源条件的限制下对机会的追

① 朱春楠. 大学生创业价值观教育研究 [D]. 东北师范大学，2017.
② 朱春楠. 大学生创业价值观教育研究 [D]. 东北师范大学，2017.
③ 朱春楠. 大学生创业价值观教育研究 [D]. 东北师范大学，2017.
④ 朱春楠. 大学生创业价值观教育研究 [D]. 东北师范大学，2017.

寻，将不同的资源组合以利用和开发机会并创造价值的过程。"①

从操作过程来看，创业是一个发现和捕捉机会并由此创造新颖产品或服务并实现其潜在价值的过程。这里包含了四个层面的涵义：一是创业是一个价值创造的过程，即创造新产品或新服务，将潜在的价值转化为现实价值的过程；二是创业必须投入时间、金钱、劳动等，要付出努力和代价；三是创业要承担风险，因为创业是开拓未知领域；四是创业是以追求回报为目的，包括物质上和精神上的回报。创业获得的回报是多方面的，首先是获得自主权，你可以按照自己的意志做你想做的事情，通过创业证明你的能力，实现梦想，获得自由发展的空间，并按照你的个性、你的方式、你的想法去工作和生活。其次是获得个人的满足，通过创业，检验自己的能力，展示自己的才华，实现自己的理想和抱负，实现自我价值，并在创业过程中获得精神上的满足。其三是实现经验和财富的积累，获得了物质上的回报②。

从以上对创业不同角度的界定可以发现，无论是学术上对创业的理性认识，还是操作层面对创业的感性描述，都遮掩不住创业潜在的本质内容，那就是基于创新，任何形式的创业都包含着发现机会和创新价值的范畴。而随着现代技术的不断发展，创业过程所包含的创新成分和元素会越来越高，创业越来越呈现出创新型创业、高水平创业和高品质创业。

（二）创新的概念

"创新"从词源上来看，最早起源于拉丁语"innovare"，具有"更新"的含义。创新在《美国传统词典》中被解释为"引入某种新东西的行为或者某种新引入的东西"。在《汉语词典》中，"创新"被解释为放弃旧的、创造新的；创新思维和想法③。可见，创新的本质在于推陈出新，在于创造新的事物或者新思想，"创新是指在前人基础上的一种超越。"④

经济学家、哈佛大学教授约瑟夫熊彼特（J. A. Schumpeter）在《经济发展理论》一书中，运用创新理论揭示了创新的发展，这本书被翻译成英语时，第一次使用了"创新"这一词汇。该书从经济学的角度认为，"创新"是

---

① 朱春楠. 大学生创业价值观教育研究 [D]. 东北师范大学，2017.
② 桂南岭. 论高校创新教育与创业教育的关系 [J]. 株洲工学院学报，2005（3）.
③ 张燕霞. 思想政治教育视域下大学生创新精神培养研究—以重庆市部分高校为例 [D]. 重庆师范大学，2018.
④ 张燕霞. 思想政治教育视域下大学生创新精神培养研究—以重庆市部分高校为例 [D]. 重庆师范大学，2018.

指建立一个生产函数，为企业家重新组合生产要素，这些因素的变化将导致生产函数的变化，从而导致生产技术体系的新变化。[①]

"创新"经过不断的演变与发展，其内涵不断扩大，外延更加丰富，涉及更多领域。但是，无论从哪个方面对"创新"进行定义[②]，都无法回避其本质内涵，即学术界对于"创新"的统一认识：创新是指人们在实践的过程中发现关于自然界、社会和人及其三者之间相互作用的新规律，基于对事物发展规律的探索，依托某种目的能动地优化或改革事物整体或部分，使之能产生新的事物、新的价值成果的开创性的过程。[③]

创新是一个开放和不断发展的概念，需要从哲学、社会学、经济学等多个层面加深对其内涵和外延的认识。

从哲学意义上来讲，"发展"是马克思主义认识论的一个基本观点和重要概念。运动是物质的存在形式，世界上的一切事物都处在运动中，一切事物都是不断运动、变化、发展的。创新是人的实践行为，是运动的一种形式和过程，是从量变到质变的跃进，是剧变式、飞跃式、革命式的发展，是"渐进过程的中断"[④]。创新是一种发展，但不是在原来领域内的修修补补的发展，而是突破性的发展。因此，创新过程是在认识上或实践上超越前人（或他人）的过程，创新理念，从根本上揭示了发展的辩证运动过程，也是对发展辩证法的新阐述、新概括，是具有当今鲜明时代特点的新理念[⑤]。创新理念，用新的时代语言生动、客观、深刻地揭示出了事物运动的本质、规律和特征[⑥]。

从社会学层面来讲，人们为了发展需要，运用已知的信息和条件，突破常规，发现或产生某种新颖、独特的有价值的新事物、新思想的活动就是创新。创新也是指在现有的思维模式上提出有别于常规的思路和见解。创新的本质是突破，即突破旧的常规行为、旧的思维方式，发展新的行为、方法和思维。

从经济学角度来讲，1912 年，经济学家约瑟夫·熊彼特将"创新"概念引入经济学，提出"创新理论"，他认为，所谓"创新"，就是建立一种新的生

---

① 张燕霞. 思想政治教育视域下大学生创新精神培养研究—以重庆市部分高校为例 [D]. 重庆师范大学，2018.
② 张燕霞. 思想政治教育视域下大学生创新精神培养研究—以重庆市部分高校为例 [D]. 重庆师范大学，2018.
③ 张燕霞. 思想政治教育视域下大学生创新精神培养研究—以重庆市部分高校为例 [D]. 重庆师范大学，2018.
④ 陈光林. "创新发展" 理念的哲学思考及其意义 [J]. 党建，2016 (7).
⑤ 陈光林. "创新发展" 理念的哲学思考及其意义 [J]. 党建，2016 (7).
⑥ 陈光林. "创新发展" 理念的哲学思考及其意义 [J]. 党建，2016 (7).

产函数，把一种从来没有过的关于生产要素和生产条件的"新组合"引入生产体系①。熊彼特列出了5种新组合，它包括五种情况：引入一种新产品，引入一种新的生产方法，开辟一个新的市场，获得原材料或半成品的一种新的供应来源，新的组织形式。熊彼特把创新界定为"建立一种新的生产函数"，即在世界上首次引入一种生产要素和生产条件的新组合，这种界定符合创新的内涵。他的创新概念包含的范围很广，把创新的范围界定为五种"新组合"、企业家行为、技术发明的商业性应用②，创新是一个从新思想的产生到设计、试制、生产、营销和市场化的一系列行动。创新力求将社会、科学、技术、教育等与经济融汇起来，表现为不同参与者之间交互作用的网络③。

（三）创业与创新的关系

"创业"与"创新"都包含一个"创"字，这不仅是字面意义的重复，而且具有本质内涵的关联，在某种程度上，二者是相辅相成、相得益彰的关系，是理论与实践、成果与应用的关系。

1. 创新是创业的基础

创业不是凭空产生的，必须以一定的理论、技术、手段等基本要素为前提，创业也不是简单商业行为的复制，而是在原有商业行为基础上的提升与发展。不管是以理论、技术、手段等基本要素为前提，还是商业行为的提升与发展，都需要借助创新的元素与成分，都需要以创新为基础。基础理论的创新，影响了人们的思想观念或生活方式，影响着人们的世界观、价值观和人生观，这些都影响着物质生产方式和生活方式的变革，这些变革直接导致了社会消费结构的变化，在这些消费结构变化的关键点上，可以寻找到创业的契机，为实现成功创业提供方向和路径；科学技术的高水平创新是创业的关键要素，创业者借助科技创新成果，在与市场需求相对称的情况下，将科技创新成果转化为新产品、新设计、新服务，满足社会需要，从而实现成功创业；思想领域的创新很宽泛，包括很多内容与类型，也包括很多层次，但总体上影响着人们的思想观念和生活方式，促使着人们的思想、习惯、生活方式不断发生变化，也影响着人们的消费观，成为创业的源泉；知识的创新是创业的"助推器"，人们可以将新知识转化为新技术，利用新技术创造社会所需要的新产品，在满足人

---

① 张凤，何传启. 创新的内涵、外延和经济学意义 [J]. . 世界科技研究与发展，2002（3）.
② 张凤，何传启. 创新的内涵、外延和经济学意义 [J]. . 世界科技研究与发展，2002（3）.
③ 桂南岭. 论高校创新教育与创业教育的关系 [J]. 株洲工学院学报，2005（3）.

们需要的同时，为创业带来巨大利润；方法的创新更是创业的直接推动力，新的方法和手段，不仅提高了生产效率，而且成为人们改进生产经营的直接依据，创业者利用这些新方法、新手段，可以创造出社会上更加便捷的生产经营理念和策略，提高经济效益。

总之，创新是创业的本质和源泉。经济学家熊波特曾提出，"创业包括创新和未曾尝试过的技术"①。创业不是简单的商业行为的重复，也不是模仿别人的行为，而是在掌握新理论、新技术、新设想、新思路的前提下，结合社会的需要和人们的消费实际，创造性地开创事业的过程。因此，创业行为从起点上来讲，借助的是创新性成果，是创新的驱动和促进，是创新成果的拓展和深化。创业行为从过程上来看，在已经开启的创业活动中，创业者只有持续不断地将最新的创新成果应用于创业过程，才能保证创业行为的可持续发展，为创业活动提供源源不断的持久动力，创业的成效也才能明显，创业的水平也才会越来越高，达到创业的初衷，实现创业的理想，在服务社会的同时，体现创业者的人生观、价值观。

2. 创业是创新的应用

创新不是为了创新而创新，创新是为了满足人类不断增长的物质文化水平的需要，创新是为了促进社会的繁荣和发展，创新也是为了提升综合国力。因此，创新成果应该及时、合理、最大程度地得到利用，这是创新的最终目的和根本宗旨。从这个意义上来讲，创新是创业的基础和前提，创业是创新的应用和深化。

（1）创新的价值在于创业

创新性成果如果没有得到合理有效的利用，创新也就失去了自身价值。一定程度上来讲，创新的价值就在于将潜在的知识、技术和市场机会转变为现实生产力，实现社会财富的增长，造福于人类社会②，而实现这种转化的根本途径就是创业。创业可以将创新性成果转化为现实的生产力③，实现创新性成果潜在的社会价值。创新性成果潜在的社会价值随着社会发展的不同需要而实现不同程度的增加，创业者可以从某一角度挖掘创新性成果某一方面的价值，将其转化为社会产品或服务方式，也可以从另外的角度挖掘创新性成果的社会价值，将创新性成果的潜在价值具体化、物质化、产品化，为社会发展服务。创

---

① 刘波，周勇. 高校创业教育文化根基探析［J］. 教育发展研究，2013（19）.
② 李时椿，刘冠. 关于创业与创新的内涵、比较与集成融合研究［J］. 经济管理，2007（16）.
③ 李时椿，刘冠. 关于创业与创新的内涵、比较与集成融合研究［J］. 经济管理，2007（16）.

业者也可以综合利用几种创新性成果，将其潜在价值加以综合开发与应用，转化为一种或几种社会产品，实现成功创业。

（2）创业推动并深化创新

社会的需要是创新的原动力。创新不是无目的的行为，而是在社会需要链条上的有目的有计划的自觉能动的行为，社会的需要是创新的逻辑起点和第一推动力。创业是满足社会需要的行为，创业的需要代表了社会需要的聚焦点①，因此，创业的需要也就成为创新的推动力量，创业推动并深化着创新。创业的现实需要为创新指明了方向，提出了要求，驱动着创新不断向前发展。随着创业行为的越来越活跃，创业秩序的越来越完善，创业效益的越来越丰富，创业对创新性成果的需求也越来越高，对创新提出了更高要求，促进了创新性成果的不断涌现。因此，创新与创业互相影响，互相促进，"双创"成为经济社会发展的强势动力。

二、创业教育与创新教育的关系

创业与创新是既相互区别又相互联系的一对概念，同样，创业教育与创新教育也是既相互区别又相互联系的一对概念，要弄清二者的关系，首先需要明确二者的概念。

（一）创业教育的概念

学术界比较公认的"创业教育"概念最早是联合国教科文组织提出的，1991年在东京召开的有关创业教育会议上提出了"狭义的创业教育"和"广义的创业教育"概念。会议上指出："从广义上来说是培养具有开创性的个人，这点对于获取工资的人也非常重要，因为现在用人单位已经不仅仅是为了获得员工在工作上所取得的成绩，而且越来越关注员工的首创、冒险精神、创业能力、独立工作能力以及技术、社交和管理技能。"因此，"广义的创业教育"能够为学生终身的发展奠定良好的基础；而"狭义的创业教育"则与增收培训的概念紧密联系在一起。②

我国学者胡晓风早在1988年就提出了创业教育的概念，在《关于更新教育思想进行创业教育的探讨》和《创业教育简论》两篇文章中系统准确地概括

---

① 朱春楠. 大学生创业价值观教育研究［D］. 东北师范大学，2017.
② 朱春楠. 大学生创业价值观教育研究［D］. 东北师范大学，2017.

了创业教育的概念："创业教育就是在人生历程中进行创造和职业相结合的教育。"提出创业教育要以培养合理的人生为宗旨，要培养三方面基本能力："培植生活力"、"培养劳动能力"、"发挥创造力"。文章认为，整个生活的教育是创业教育的出发点和落脚点，全面教育是创业教育的基础和核心。[①]

以上关于创业教育的概念，具有普遍意义和宽泛的内涵，对创业教育的目标、任务等基本内涵揭示的不够清晰。本研究提出的创业教育概念，正如第一章所述：创业教育是一种培育创业意识、激发创业动机、培养创业知识、提升创业能力、形成创业素质[②]、提高创业品质的教育活动。

（二）创新教育的概念

从词源学上来讲，"创新"由"创"和"新"组成，"创"指创造、首创。"新"与"旧"相对，指新生、有新意的。"创新"指创建新的、创造新的事物。

创新教育作为一个完整的概念，在学术界提出的时间比较早，其内涵也比较宽泛，在此我们不去深究创业教育概念提出的历史背景和过程，本文所研究的创新教育主要聚焦于创新精神教育，指以培养学生的创新精神为指向的教育。

关于创新精神的概念，学术界有不同的表述，大体有以下几个层次的解释：创新精神是对既有的认知体系进行再次创造的智慧和勇气；创新精神是人的思想层面的因素，是善于创造和寻求新的问题解决办法的心理状态，这种心理状态对认知体系具有明显推动作用。总体而言，创新精神是个体善于创造、在认知思维基础上形成新规律、新原理、新理论、新知识、新技能、新思路、新手段、新方法的一种认知品质和心理活动。

大学生创新教育就是以培养大学生的创新精神为宗旨的教育。在当今的信息化社会，一方面是人类知识的"半衰期"在逐渐缩短，另一方面是新的知识在不断涌现。如何把握与驾驭"海量"的知识信息，是对作为社会未来的建设者的新时代大学生提出的严峻挑战和学习要求。因此，面对新的形势，大学生创新精神的培养十分重要。具体来讲，大学生创新精神的培养包括创新意识、创新思维、创新品质、创新能力等方面的培养[③]。首先是创新意识，就是

---

① 朱春楠. 大学生创业价值观教育研究［D］. 东北师范大学，2017.
② 朱春楠. 大学生创业价值观教育研究［D］. 东北师范大学，2017.
③ 张燕霞. 思想政治教育视域下大学生创新精神培养研究—以重庆市部分高校为例［D］. 重庆师范大学，2018.

培养大学生独立思考问题和判断问题的行为习惯，培养大学生善于从新的视角和路径思考问题的意识；其次是创新思维，就是培养大学生敢于质疑的批判精神，不因循守旧，敢于从新的思路思考问题和解决问题；再次是创新品质，就是培养当代大学生善于创新、能够创新、积极创新的思维品质和创新性解决问题的综合素质；最后是创新能力，即培养大学生掌握如何搜索新知识、使用新知识以及如何在此基础上创造新知识的能力，提高学生发现问题、分析问题和解决问题的能力。总之，大学生创新精神的培养区别于传统教育对知识的"死记硬背"和不求甚解，是将知识灌输教育转变为知识创新教育，帮助学生了解知识的创新过程和应用范围，活学活用，开发智力，提升大学生适应信息社会的综合素质、协同能力和应用水平。

（三）创业教育与创新教育的关系

从创业与创新、创业教育与创新教育两组概念的界定可以看出，创业教育与创新教育既相互区别、又相互联系，二者互相影响、互相促进，所以人们习惯上将二者统称为"双创"教育。

1. 创新教育引领创业教育

创新教育通过培养学生的创新意识、创新思维、创新品质和创新能力，引领和促进创业教育。首先，创新意识不仅是创新的源泉，也是创业的源泉[①]。创业者要在把握商机的基础上，开创性地思考创业路径，创新性地进行设计，不能因循守旧，也不能模仿他人，是全新的思考和设计。创业所必备的创业意识，实际上是创新意识的具体化和延伸。从这个意义上来讲，创新意识培养是创业意识培养的前提和基础，创新意识引领创业意识。其次，创新思维决定创业设计。创新需要超常规的思维模式，需要在把握规律的基础上大胆开拓，走常人没走过的路。创新思维也是创业的必备思维模式，因为创业是开创事业，开创新的领域，或在传统领域开辟新的路径。从这个意义上来讲，创新思维的培养，不仅是创新的需要，也是创业的需要，是创业的必要思维模式。再次，创新品质往往包含着创业品质，是创业品质的上位概念。创新的品质如求真务实、开拓进取、遵循规律、独立思考、独特风格等，也是创业活动所必须具备的基本品质。创业不是无根据地蛮干，是在尊重规律、求真务实的基础上的开拓进取，要遵循市场规律，科学合理设计创业路径。创业也不是猎奇，但是成

---

① 朱春楠. 大学生创业价值观教育研究 [D]. 东北师范大学，2017.

功的创业者追求独一无二，追求人无我有、人有我优、人优我特，这样才能够达到创业的最佳效果。从这个意义上来讲，培养创新品质的同时也是对创业品质的培养。最后，创新能力是创业能力的核心要素，创新能力的培养对创业能力的形成具有重要的推动作用。创业本身就是创新，以创新的思路从事创业，才是科学有效的创业。成功的创业往往建立在创新的基础之上。从这个意义上来讲，创新教育培养学生的创新能力，其实也是培养了学生的创业能力。

2. 创业教育深化创新教育

创业教育作为一种培育创业意识、激发创业动机、培养创业知识、提升创业能力、形成创业素质、提高创业品质的教育活动，从其具体意义上来讲，是创新教育的延伸和具体化。首先，创业意识、创业动机是创新意识的具体化。创业意识、创业动机不是凭空产生的，是在创新意识的驱动下，在实践活动中形成的。创新意识引领创业意识和创业动机，创业意识和创业动机深化创新意识[①]。因此，创业意识和创业动机的培养深化和拓展了创新意识的培养。其次，创业素质是创新思维的具体应用。创业需要多方面的素质，但在众多创业素质中，创新思维是其核心成分，任何一个创业实践都需要创新思维、创新设计、创新运营，创新思维是创业的核心素质和基本要素。因此，创业素质的培养是创新思维的具体化。再次，创业品质是创新品质的具体表现形式。创业是创新的载体，创业品质借助创新品质的作用发挥，没有创新品质，创业品质就失去了灵魂。创业品质体现着创新品质，并驱动着创新品质的具体实现。因此，创业品质的培养是创新品质培养的具体化。最后，创业能力是创新能力的集中体现和实现形式之一。创新有很多类型，可以是理论创新、实践创新、方法创新，等等，但不管何种形式的创新，最终都会通过创业体现出来，创新性成果只有在创业实践中，其价值才能得到有效发挥。因此，创业能力的培养是创新能力培养的集中体现，是创新能力培养的实现形式。

第二节　应用技术教育背景下创业教育与创新教育的契合

在分析上一节创新与创业、创新教育与创业教育相互关系的基础上，进一

---

① 朱春楠. 大学生创业价值观教育研究［D］. 东北师范大学，2017.

步探讨创业教育与创新教育的契合机制，是本书研究的范围之一。应用技术型人才培养背景下，创业教育与创新教育具有紧密而稳定的联系，将二者统一于人才培养过程，不仅具有必要性、可行性，而且具有实效性。本节主要立足于创新与创业的关系、创新教育与创业教育的关系，探讨创业教育与创新教育的契合问题，作为创业教育融入应用技术型人才培养的机制之一。

一、创业教育与创新教育相契合的基础在于应用技术型人才培养

创新是人类社会发展的重要驱动力，创业是经济社会转型和发展的重要推动力，创新创业是人类社会进步和经济社会发展的"双引擎"。因此，开展创新教育和创业教育，成为高校人才培养的"新常态"和着力点，对于应用技术类型高校而言，"双创"教育更是教育综合改革的重点和核心，成为办学的重要观测点。

（一）创业教育应契合应用技术型人才的质量标准

创业教育与应用技术型人才培养具有重合性、兼容性（这在第一章有所阐述），应用技术型人才培养创业教育应契合应用技术型人才的质量标准。

1. 创业教育应坚持应用性原则

应用性是应用技术型人才的基本特征，也是应用技术型人才的基本标准。应用技术型人才培养创业教育应坚持应用技术型人才的这一标准，而不能与之有所背离。创业教育应直接服务于区域发展和产业振兴，借助产教融合、校企合作、工学结合等方式，为生产服务一线培养具有创业意识、创业能力的高层次应用型人才，把人才培养与就业需求无缝对接。应用技术型人才培养强调"实践性""操作性"和"应用性"，注重"动手"和实践能力，创业教育应服务与服从于应用型人才的这一特点，坚持实践应用导向。要紧密结合专业设置，加强创业教育，根据专业的不同情况，在区分大文大理的前提下，根据专业特点，分门别类开展创业教育；在创业课程设置上，适当减少理论课程比例，增加实践课程比例，重点培养学生创业的基本素质和能力；在教学方法上，尽可能地采取案例教学模式，贴近学生实际，增强教学效果，突出创业实践能力培养；在教学设计上，充分体现创业教育与专业教育的对接，突出创业规划与指导，加强对创业项目的管理，突出学生创业实务的掌握，懂得创业流程与管理，知晓创业与各管理部门的权利义务关系，了解有关法律知识、税收政策、贷款途径，掌握项目策划的基本能力，了解创业的基本常识。

2. 创业教育应坚持技术性原则

技术性是应用技术型人才的又一基本特征，也是应用技术型人才区别于学术型人才的根本标志之一。应用技术型人才培养的根本路径在于技术开发与技术应用，遵循"技术"的路线而非"学术"的逻辑。创业教育融入应用技术型人才培养，必然应坚持"技术"路线，按照技术的逻辑加强人才培养，从某种程度上来讲，应用技术型人才培养的创业教育，可以被称作"技术创业"，是基于技术平台的创业，是利用技术从事创业。创业教育应围绕"技术"主线深入开展。要挖掘技术的创业价值，分析技术的商业化渠道，将技术应用设计为可操作的商业方案，进入创业流程；要围绕市场需求，加强学科交叉，围绕某一核心技术，融入相关技术成分，形成"技术群"，进行产品和产业化设计，打造创业平台，疏通创业环节，开展创业实践；要围绕技术因素，根据创业流程，设计可行性创业规划和创业报告，进行项目可行性分析，围绕市场需求进行产业化设计；要针对项目的运行模式，加强创业指导，在项目贷款、场地、人员等方面统筹规划，指导学生掌握创业基本规范与各环节要求，实现成功创业。

3. 创业教育应坚持市场化原则

创业是商业行为，是可以创造利润的活动，因此，创业教育除了与专业教育有机融合之外，还应该与市场建立有效对接，促进创业者实现成功创业。就应用技术型人才培养而言，创业教育应根据市场需求，建立能够有效整合专业特长与市场需求相衔接的机制和平台，打通专业与市场的界限与分隔，实现专业与市场的有效对接。因此，应用技术型人才培养的创业教育要坚持市场化原则，要在充分做好市场调研的基础上，找准创业项目，将创业项目加以合理化设计，形成与专业和市场紧密对接的项目框架；要按照市场化模式对创业项目加以设计，按照市场需求导向、市场运行机制、市场管理规定等对创业项目进行全面系统的规划，形成创业项目计划书，论证计划书的必要性、可行性；要结合应用技术型人才的专业知识、技术能力开发创业项目，以技术支撑创业项目的开发，建立核心技术与创业项目之间的对应关系，做到技术充分发挥、市场需求旺盛、创业切实可行。

（二）创新教育应契合应用技术型人才的创业需求

创新教育有不同的类型和层次，就应用技术型人才培养和创业教育而言，创新教育需要契合应用技术型人才的创业需求。

1. 创新教育应立足应用技术型人才培养的现实需要

随着全球经济和科技一体化进程的加快，世界各国为了抢占发展机遇，对于适应高新技术产业的高素质高技能人才的需求越来越迫切。应用技术型教育作为一种重要的高等教育类型和技术技能型人才培养的重要手段，在现代社会生产生活中发挥着越来越重要的作用①。应用技术型高校建设既是新鲜事物，也是大势所趋。从国外来看，许多高等教育发展早的国家，都曾经经历过应用技术型教育兴起、发展、成熟的过程②。我国目前大量需要各级各类应用技术型人才，应用技术教育方兴未艾。

培养应用技术型人才，不能依靠传统的教育方法，要采取创新教育的模式与方法。传统的灌输式教育"以课堂为中心、以教师为中心、以教材为中心、以考试为手段"，即在整个学习过程中，学生处于从属地位，没有充分地位。创新教育需要对教育制度进行结构性变动而不可能只在教育的某些环节上进行技术性调整，创新教育必须以人为本，不断提升人的地位。

创新教育要切合应用技术型人才的实际，创新教育模式与方法。在学科专业上，以专业建设为首，强化专业课程设置与职业标准、产业需求相对接③，从而使高校培养的人才符合企业及市场的需求。在师资队伍建设上，注重突出教师的专业背景，实践工作经验和参与工程（科研）项目等经历，强调把技术开发和应用能力、实践指导能力相结合。在培养方案上，根据应用型人才培养中的应用方向和范围，制定培养方案，设计知识结构，构建课程体系，突出实践环节，有利于养成创新思维与实践技能④。

2. 创新教育要适应应用技术型人才的创业需要

在应用技术型人才的培养过程中，创新教育要契合应用技术型人才的创业需求，要立足于应用技术型人才的培养需要、结合应用技术型人才的创业需求开展创新教育。

应用技术型人才培养过程中的创业教育，主要培养学生基于应用技术的创业意识和创业能力，创新教育要适应这一要求。一是创新教育的类型要与应用技术型人才培养创业教育相适应。创新教育有很多层次，创新包括理论创新、技术创新、应用创新，等等。适应应用技术型人才创业教育的，应该是技术创

① 马培华. 应用技术型教育创新发展：战略意义与改革路径 [J]. 职业技术教育，2016（09）.
② 王晓玲. 应用技术型高校创业教育管理研究 [D]. 华中师范大学硕士论文，2014.
③ 王晓玲. 应用技术型高校创业教育管理研究 [D]. 华中师范大学硕士论文，2014.
④ 王晓玲. 应用技术型高校创业教育管理研究 [D]. 华中师范大学硕士论文，2014.

新或应用创新，技术创新与应用创新是培养学生善于将专业技术加以创新并应用于商业化实践的意识和能力。这类创新教育与专业技术结合紧密，是将专业技术的创新应用于创业实践的一种形式，体现了创新教育与创业教育能够通过技术创新进行契合。二是创新教育的内容要与应用技术型人才培养创业教育相适应。创新教育的内容繁杂，在应用技术型人才培养创业教育过程中，创业教育要围绕应用技术型人才的创业需求开展，要服务于大学生利用专业技术从事创业的实践活动，在技术创新的思想、思路、设计等环节融入创新的成分，创新性地开展创业，以创新的思维谋划创业，简化创业流程，善于发现创业商机，善于进行创业设计，这类创新更与应用技术型人才的特点、规律以及创业行为的具体场景相适合。三是创新教育的模式要与应用技术型人才培养创业教育相适应。创新教育的模式很多，如实验室教学创新、逻辑推理创新、实践应用创新，等等。基于应用技术型人才培养的创业教育，大学生从事的创业行为往往是最基础、最基层的一线创业，基于这样的人才培养实际，创新教育在模式上应与之匹配，聚焦专业技术应用创新，为创业实践谋划技术因素、技术手段和技术应用于商业化的具体路径。

二、创业教育与创新教育相契合的核心在于职业能力培养

这里所说的创新教育与创业教育的关系，需要在应用技术型人才培养这个体系内进行探讨。应用技术型人才应该具备良好的知识结构、能力结构和综合素质，其中最核心的是创新精神、创业意识和职业能力。探讨创新教育与创业教育的契合关系，需要立足于创新精神的培养、创业意识的培养和职业能力的培养。

（一）职业能力是应用技术型人才的核心素质，创新教育与创业教育是培养职业能力的必要手段

职业能力指个体将所学的知识、技能和态度在特定的职业活动或情境中进行类化迁移与整合所形成的能完成一定职业任务的能力，体现为人们从事其职业的多种能力的综合[①]。职业能力主要包含三方面的基本要素：一是为了胜任一种具体职业而必须要具备的能力，表现为任职资格；二是步入职场之后表现的职业素质，表现为胜任岗位的能力；三是开始职业生涯之后具备的职业生涯

---

① 张弛. 基于企业视角的职业能力培养研究 [D]. 博士论文，2014.

管理能力，表现为职业提升能力[①]。

可见，职业能力是指个体从事某一职业所必备的基本能力。职业能力至少包括三层意思：一是执业能力，即从社会上获取职业并适应岗位要求的能力。每类职业都具有其特殊性和规律性，对岗位能力有专门性要求，社会个体只有适应这些岗位要求和能力，才能胜任岗位工作，即具有执业能力。二是职业提升与迁移能力，即按照从事职业的特点和规律，不断提高职业层阶和拓展职业范围的能力。从这个角度来看，职业能力的结构是复杂的、多维的，是理论与实践的专业结合，内容包括职业知识、岗位技能和行业经验等，同时，鉴于科技发展的新趋势和国家产业结构调整的新态势，企业的技术与设备升级使员工的转岗现象成为常态，因此，职业能力还包括跨岗位的适应能力[②]，即知识迁移能力。三是职业终身发展能力。基于人的全面发展的职业能力观和整合论观，职业能力具有源于和超越职业情境的属性，职业能力培养的目标是个体与情境的互动、契合和超越，形成个体行为模式和思维结构的深层次融合，最终实现人本化的人格力量生成[③]。

因此，我们应该在具有专业区分度的职业化情境中把握职业能力的内涵和外延：从外延来看，职业能力应反映职业潜能、价值观和人的本质力量；从内涵来看，职业能力应包括职业化特征、岗位定向能力和行业通用能力。

（二）创新精神是应用技术型人才必备的从业品质，创新教育侧重培养学生的创新精神

创新精神是高层次人才都具备的品质，对于应用技术型人才而言，创新精神是创业意识和职业能力精神层面的品质，是指引大学生获得良好的创业意识、职业能力的精神支柱和思想引领。

创新精神不是凭空产生的，它需要具备相当的知识、素质和能力基础，是在三者的基础上升华形成的，应用技术型人才的创新精神与从事科学研究、智力开发的职业有所不同，主要体现在大学生从业过程之中，表现为大学生的高水平就业、高水平创业和高水平升学，并贯穿于大学生终身发展之中。应用技术型人才创新精神的形成与结构，具有自身的特点和规律：

1. 应用性知识结构是前提

知识结构是能力结构的基础，应用技术型人才应该构建应用性的知识结

---

① 楼宇阳. 规划 让职业梦起航 [J]. 成才与就业，2019（Z1）..

② 张弛. 基于企业视角的职业能力培养研究 [D]. 博士论文，2014.

③ 张弛. 基于企业视角的职业能力培养研究 [D]. 博士论文，2014.

构。所谓应用性，是指侧重知识的应用、知识的使用，而不是知识的发现、知识的构建。应用技术型人才培养的创新教育，应强调应用性知识结构的构建，通过创新教学模式，采取创新手段，培养学生利用知识解决实际问题的能力，在问题解决过程中，掌握应用性知识体系，逐步构建完善的应用性知识结构，为学生将来从事应用性工作奠定基础。

2. 应用性能力结构是核心

能力培养是应用技术型人才的关键，创新教育应该服务与服从于应用技术型人才的能力培养，这里的能力培养，主要是应用性能力。所谓应用性能力，主要是指从事生产实践一线工作的能力、问题解决能力和工作现场突发事件处理能力。创新教育应通过创设教学情境、模拟真实场景、采取问题设计等形式，培养学生的实际操作能力、知识应用能力、实践能力，在教学过程中，逐步构建完善的应用技术型人才应用性能力结构。

3. 应用性思维结构是重心

思维能力是能力的核心，应用性思维是应用性知识结构的重心。培养应用技术型人才的创新精神，应侧重对应用性思维能力的培养。应用性思维是指向应用的思维，即个体利用知识从事应用的思维活动，而非利用知识进行知识再创新的思维活动。创新教育应通过教学改革，从人才培养方案、教学目标、教学任务、教材选择、教学方法、教学评价等方面，全面构建具有创新性的教学模式，侧重学生应用性思维能力的培养。

（三）创业意识是应用技术型人才从事创业行为的基本前提，创业教育侧重培养大学生的创业意识

创业是应用技术型人才应该具备的价值观和职业观，是创业精神的延伸和具体化，培养创业意识与创新精神，具有某种程度的一致性。应用技术型人才创业意识的培养与创新精神的培养高度契合，具有联动性与耦合性。

1. 创业意识的培养要与创新精神的培养同步进行

应用技术型人才创业意识的培养，与其他人才类型创业意识的培养有所不同，它侧重的是基于应用技术的创业意识的形成与发展，既不同于高科技的创业，也不同于低水平的简单性劳动创业，而是介于二者之间，是利用专业技术知识从事的具有创新内涵的创业。这种创业意识的培养，一是以专业技术为前提，二是以创新为驱动，二者缺一不可。专业技术是客观的，是创业的物质基础，但是，专业技术需要根据市场需求状况加以创新与改造，才具备创业的价

值和潜力，因此，创新精神是创业的内在驱动力。创业意识的培养只有与创新精神培养紧密结合起来，才能取得较好效果。创业意识的培养是应用技术型人才创业教育与创新教育的必然渠道，是实现大学生成功创业的主要路径。

2. 创业意识的培养要与创新精神的培养相互促进

就应用技术型人才培养而言，职业能力是核心，创业意识是动力，创新精神是催化剂，三者互相影响、互相带动。创业意识与创新精神的培养要在职业能力培养的基础上互相促进、互相结合。一是要理顺创业意识、创新精神培养的关系，使之成为应用技术型人才培养的重要支撑，使职业能力、创业意识、创新精神成为应用技术型人才培养的"一体两翼"。"一体"即职业能力这个主体，"两翼"即创业意识、创新精神这两个侧重，三者统一于应用技术型人才培养的全过程中。二是要理顺创业意识培养、创新精神培养的渠道，整合资源、搭建平台、思考路径、形成模式，使二者围绕职业能力这个核心，形成二者互相支撑的定位和格局，实现资源共享、平台共用、育人协同。三是要构建创业意识培养、创新精神培养的模式，结合应用技术型人才培养的特点与规律，探索创业意识与创新精神培养的内在逻辑，针对存在的问题不断改进，最终形成适合创业意识和创新精神培养的应用技术型人才培养模式。

三、创业教育与创新教育相契合的平台在于实践教学体系

基于应用技术型人才培养的创业意识与创新精神培养具有其自身的特点和规律，要充分把握这些特点和规律，在理顺二者关系的基础上，构建适合创业意识与创新精神培养的教学体系。

（一）创业意识与创新精神的契合点在于实践

如上文所述，创业意识与创新精神具有相互联系的内涵，二者的培养过程具有一体化的特点与规律。之所以具有这些特点与规律，是因为创业意识与创新精神都具有实践性特征，二者统一的基础在于实践。创业意识不是凭空产生的，也不是主观想象出来的，而是在专业实践的基础上，在自身专业的基础上，根据社会需求状况作出的创业构想。同样，创新精神也不是主观臆造的，它是立足于专业知识，借助理性思考，在专业实践的基础上，对创业知识的应用性做出的创造性设想与计划，是专业实践的结果与体现。因此，不管是创业意识，还是创新精神，都是在专业知识的基础上，根据社会需求，进行专业实践的结果和反映，二者契合的基础在于实践活动，实践为二者的结合提供了物

质基础与平台。

（二）创业意识与创新教育实践教学体系的构建

创业意识与创新精神培养具有相似的特点与规律，实践教学是其基本平台。构建创业意识与创新教育实践教学体系，主要应围绕以下几点：一是专业实践体系。应用技术型人才培养的主线仍然是专业教学，在专业教学中侧重实践应用，创业意识和创新精神的培养应侧重实践教学体系，培养学生基于应用的创业意识和创新精神。二是实习实验实训体系。在掌握专业技术知识的基础上，广泛参与实习实验实训，是培养大学生动手能力的基本策略。就应用技术型人才培养而言，实习实验实训是培养大学生应用型素质的重要途径，要继续深化与拓展实习实验实训环节的平台建设与路径措施，围绕实习实验实训这条主线，引领学生对未来职业进行科学规划、合理设计，在职业生涯规划与设计中，侧重培养大学生的创业意识与创新精神。三是社会实践体系。社会实践是培养大学生综合素质与能力的基本途径，就应用技术型人才培养而言，社会实践尤为重要，要继续拓展社会实践的内容、手段与措施，在社会实践中融入市场调研、市场分析的成分，在社会实践中培养学生的创业意识和创新精神，在了解市场需求的基础上，形成创业项目并进行科学规划与设计，逐步实现成功创业。

第五章　创业教育与实践教学的贯通机制

创业教育重在实践。培养应用技术型人才，需要将创业教育与实践教学紧密结合起来，实现二者的有机整合与贯通。本章立足于应用技术型人才培养实际，探索将创业教育融入应用技术型人才培养实践教学的贯通机制。实践教学是一种和理论教学相对应的教学形式，其核心过程是实践，实践是指行为、行动及其结果。是通过实践活动使学生获得知识和技能、提高综合素质的教学实践活动。实践教学是培养大学生创业能力和实践能力的重要环节，是关乎创业教育改革能否成功的关键。为将学生培养成具有创新精神、创业意识和职业能力的应用技术型人才，有效开展实践教学是必要渠道。本章主要从校内、校外两个层面探讨创业教育与实践教学的贯通机制问题。

第一节　基于资源整合的校内实践教学平台

创业教育融入应用技术型人才培养全过程，创业教育需要与实践教学有机结合，贯通一致。创业教育与实践教学的贯通，需要整合学校教学资源，理顺创业教育与实践教学平台，有序推进，提高质量与水平，实现创业教育与实践教学协调推进，提高应用技术型人才培养质量。本节主要从校内资源整合的方向、模式、平台三个方面加以探讨。

一、资源整合的模式

教学资源整合的目的是盘活教学资源，提高教学质量。基于不同的目的，教学资源整合有不同的模式。本节研究的基于创业教育与实践教学结合的资源整合，主要有以下两种模式。

（一）创业教育引领实践教学模式

创业教育引领实践教学模式是指以创业教育为主的教学资源整合模式，创业教育资源整合，可以带动实践教学。创业教育作为一种新型教育形式，具有其自身特点和规律，不仅需要理论教学，更需要实践教学，需要学生在实践过程中领悟与感受，逐步培养创业意识、创业素质、创业能力。创业教育需要高校重新整合与梳理教学资源，按照创业教育的要求加以合理化设计，形成与创业教育相吻合的教学资源体系。

1. 案例教学

创业教育需要活生生的创业素材，这些素材来自身边的成功创业经验，这些典型的创业素材可以成为激励学生创业的动力，也是培养创业意识的主要渠道之一。就应用技术类型高校而言，创业成功的案例主要集中在技术应用与创业，学校应收集整理校友成功创业的典型案例，经过精心梳理与编辑，形成具有很强示范性的案例材料，给学生讲解，让学生在模仿过程中逐步感受创业的激情、培育创业的意识。身边的榜样是最具有说服力的，也是最具有可比性的，案例教学的效果往往能起到意想不到的效果，比纯粹的理论教学受益更大。各专业也可以邀请创业成功的校友来校讲学，以鲜活的创业经历感染学生、启发学生、带动学生创业，校友之间的沟通往往容易创造创业的火花。学校可以邀请创业成功人士来校讲学，讲授创业成功的经验，引领学生创业思维，培育创业意识，形成创业思维，引领学生进行创业。

2. 创业实践

创业是实践性很强的活动，需要学生进入实践，在实践中感悟和实施创业。作为应用技术类型高校，本身具有丰富的实践教学资源，不仅有利于应用技术型人才的培养，而且有利于创业教育的开展。但是，对于丰富多彩的实践教学资源，需要根据创业教育的需要并加以整合，才能供创业教育有效使用。一是对既有的实践教学资源加以适当取舍，根据创业教育的需要进行重新组合，形成能有效促进学生进行创业实践的创业资源。在这里，需要区别一组概念，那就是应用技术型人才培养的实践教学资源和创业教育的实践教学资源，二者有交叉重合，但又有所不同，前者强调应用技术型人才培养，后者强调创业教育。在资源整合的过程中，要做适当的区分，筛选适合创业教育实践的教学资源并加以整合。二是根据学科专业特点进行结构优化，结合学科专业特点理顺创业教育资源。各学科专业开展的创业教育有所不同，比如文科学生创业，比较适合采用模拟仿真类型的实践教学模式，理工类学生创业比较适合实验实训实习类型的实践教学模式，当然两者之间也有交叉，各专业之间也是如此，因此，在资源整合过程中，要适当区分，合理优化资源结构，使效果明显。

3. 创业指导

创业具有尝试性，但也有规律可循，创业需要指导。因此，开展创业教育，需要建设一支业务能力强的专业化创业指导教师，为学生创业实践提供有针对性的指导。要加强对在职教师的培训，提升其创业指导水平，也可以从企业事业单位聘请有创业指导经验的人员到校讲学，建设专业兼职教师队伍。从形式上来看，创业指导可以集体进行，也可以个别化咨询，对学生创业过程中遇到的共性问题，可以采取集体指导的形式，对个别问题，可采取个别指导形式。创业指导是连续的过程，一个成功的创业，需要反复尝试才能实现，创业指导也不是一次型的，而是具有连续性、循环性、阶段性，需要跟踪指导和常规指导。创业指导也可结合创业项目进行，针对创业项目实施中存在的问题，创业指导教师给予学生有针对性的建议与指导，帮助学生完成项目设计，反思创业成功的利弊得失，从中吸取经验教训，为进一步创业奠定基础。

（二）实践教学引领创业教育模式

实践教学引领创业教育模式是指以实践教学为主的教学资源整合模式，实践教学资源整合，可以带动创业教育。创业是实践性很强的社会性活动，创业需要在实践过程中实现。创业教育需要加强有利于实践教学的资源整合，以实践教学带动创业。

1. 实践教学

实践教学是培养应用技术型人才和创业人才的主要渠道，也是培养学生实践应用的基本形式，加强实践教学是创业教育融入应用技术型人才培养的必要方式。要加强实践教学资源的整合，凝聚实践教学力量，切实培养学生的实践能力、创业能力。一是整合实验室教学资源，根据学科专业建设实际，将校内的实验室进行合理规划，合理分类，适当合并与分离，适当增加需求量大的实验资源，取消或合并使用量较少的实验资源，形成满足各类学生实验教学需求的实验资源体系，既能保证满足使用，又能保证使用效益，做到有机结合。加强实验教学教师队伍建设，提高实验教学水平。二是整合校内的实训资源，科学布局、合理分配，根据学科专业实训教学需要，分门别类地建设系统的实训场所，安排适当的实训指导教师和管理人员，加强实训教学与指导，提高实训水平。对于实训需求量大的学科专业，增建实训场所，对于实训要求不大、可以通过校外实训基地解决的学科专业，可以减少或撤销原有的实训场所。加强实训指导教师队伍建设，提高其实训教学指导水平。

2. 项目实施

应用技术型人才培养和创业教育都需要通过项目研究（实践）来实施，项目是培养学生实践能力和创业能力的有效途径，通过完成项目，不仅提高了学生利用所学理论知识解决实际问题的能力，而且能够让学生在对知识的实际应用中学会创新与创造，培育创业意识，提高创业能力。各学科专业根据其自身特点与规律，结合生产实践或市场需求，有针对性地设计一系列项目，供学生选择。项目设计要突出应用能力培养，具有一定的创新性与实践性。从内容上来讲，要涵盖学科专业的基本知识、基本理论和基本方法，全面加以设计。要加强对项目申报书或任务书的指导，帮助学生掌握项目申报的基本方法，了解项目申报的基本环节，科学合理地设计项目申报书或任务书。在项目实施过程中，要加强指导与管理，帮助学生掌握项目研究的基本方法，在项目研究的关键环节给予指导，确保项目研究的方向正确，加强学术创新与技术创新，结合生产实际与市场需求，有针对性地完成项目的研究，提高研究能力与研究水平。在项目研究过程中，要围绕研究内容查阅研究文献，掌握文献研究的基本方法，了解研究现状，为项目研究的创新奠定基础。项目研究结束，要系统梳理研究成果，做好成果转化，将科研创新成果应用于生产实践，也可结合市场需求和创业商机，利用项目成果自主创业，达到成功创业的目的。

3. 毕业设计

高校类型与人才培养目标的不同，对毕业设计有不同的要求，应用技术型人才培养的毕业设计主要考察学生的综合应用能力，毕业设计要结合生产实践、社会需求，产生创新性成果，服务于生产实际。鉴于此，学校要加强对毕业设计的指导，在选题环节，教师要引领学生在生产实践中发现实际问题，结合所学专业进行思考，形成具有研究性、能够把控的题目，进行可行性设计，提高学生发现问题的能力；在开题环节，教师要在听取学生分析的基础上，发现学生在研究思路、研究方法、研究内容等方面存在的不足，适时给予点拨，帮助学生科学设计研究过程，提高分析问题的能力；在实施环节，针对学生存在的困惑，教师要及时帮助学生解答，提高学生的综合研究能力；在答辩环节，要在全面了解学生研究过程及研究成果的基础上，提出研究的不足和存在的问题，帮助学生改进研究思路，提高学生解决问题的能力；在成果转化环节，要充分提炼成果的可使用性，实现产业化或解决产业化过程中某一环节的实际问题，学生也可利用成果自主创业，提高综合应用能力。总体上看，毕业设计作为实践教学的重要环节，在培养学生发现问题、分析问题、解决问题等方面发挥着重要作用，在带动学生创业方面也具有重要意义，要加强对毕业设计的管理与指导，凝聚师资力量，整合教学资源，为毕业设计的顺利实施提供坚实基础，提高学生综合素质与能力。

二、资源整合的平台

在以上资源整合模式的基础上，应用技术型人才培养需要加强资源整合平台建设，为各学科专业提供一流的教学平台，为提高人才培养质量、提高创业教育与实践教学水平夯实基础。宏观上来讲，在精准对接应用技术类型人才培养的基础上，为有针对性突出创业教育与实践教学，且形成二者融合贯通的机制，校内资源整合应主要搭建以下几个平台。

（一）创业平台

创业是个体性很强的行为，在人才培养的不同阶段、不同环节，个体随时都会产生创业的意识和行为，因此，创业教育应为学生搭建随时可以利用的平台，服务学生创业。创业资源不是单独存在的一种形式，它往往存在于各学科专业的教学资源之中，因此，创业平台的建立应立足于学科专业教学资源。从创业的性质、特点、规律来看，创业平台的构建应遵循以下规律。

1. 开放性

创业面向所有专业、面向全体学生、面向所有的时段，因此，创业资源应具有开放性，创业平台应具有开放性，全时段对所有学生开放。要建设创业咨询中心，配备专职指导教师，随时接待咨询的学生，为学生提供及时的咨询服务与帮助；要建立创业俱乐部，为创业学生交流经验提供机会，为学生创业思想的碰撞提供机遇，使学生在交流中产生创业动机，获得创业灵感，开启创业征程；要建立创业孵化园，帮助学生将自己的研究成果设计创业蓝图，尝试创业，体验创业成功的喜悦，分析失败的原因，寻找创业的路径，实现成功创业。所有创业平台要遵循开放性原则并加以建设，为每一名学生尝试创业、体验创业提供舞台。所有创业平台要配备专门人员，服务学生，指导学生，为学生创业提供及时有效的帮助，鼓励学生实施创业，激发创业动机，对学生创业过程中存在的问题，及时给予帮助，跟踪指导，促使学生实施创业、成功创业。

2. 便捷性

便捷性是创业平台的技术要求，要确保创业平台对学生的指导与服务具有高效性、便捷性、科学性，就要加强创业平台的信息化建设，引入大数据管理模式，及时发现学生创业过程中的问题，及时解决问题，科学预测学生在创业过程中可能存在的问题，有预见性地加以指导。对创业失败的原因给予客观分析，查找原因，完善思路，激励学生二次创业。确保学生能够非常便捷高效地获得创业指导，通过网络、电话、现场等形式，得到创业的有关信息和帮助，使学生在创业过程中体会到成就感、归宿感。学生能够比较自主地使用咨询平台，随时随地获得高质量的创业指导，创业过程中存在的实际问题，也可以得到有效解决，可以预测创业的困难与不足，及时改进创业思路与创业手段，完善创业项目的设计，形成最佳创业方案，实现成功创业。

3. 创新性

创新性是对创业平台的内涵要求，创业平台在服务学生创业方面要具有创新性、科学性、合理性，确保创业平台能够为学生提供具有价值的有效指导，要创新服务内容、服务方式、服务手段，增强创业平台的丰富内涵，实现创业指导的人文化、人本化，按照以人为本原则，加强对创业平台的打造，突出实效性。在形式、内容、手段等方面全面改革，推陈出新，结合当代大学生的特点，根据信息化社会的特点，对创业平台不断进行改革与创新。创业平台建设要与学生的发展紧密结合起来，为学生的职业规划、职业发展、创业规划提供科学指导，帮助学生树立终身职业发展的理念，在创业层次、手段、设计等方面加强指导，形成高水平创业、高水平就业，在服务学生成长的同时服务社会发展，为市场注入鲜活的成分，为社会创造更大财富。完善创业平台的管理方式，以创业实践为主线，优化创业指导流程，提高服务质量与水平，满足学生创业需求。

（二）实践平台

实践教学是应用技术型人才培养的重要环节，也是创业教育的关键环节，实践教学与创业教育的有机结合，是应用技术型人才培养创业教育的必要形式。实践教学资源内涵丰富，形式多样，层次不一，具有分散性、如何有效整合实践教学资源，是应用技术型人才培养创业教育的关键环节，如何在资源整合的基础上构建实践平台，对于大学生创业具有显著影响。应用技术型人才培养创业教育要有效开展，实践平台的构建应遵循以下要求。

1. 实用性

实践教学有多种形式，如实习实验实训、第二课堂、毕业设计、社会实践等等，不同的学科专业可以采取相应的实践教学形式。但是，不管何种实践教学，其基本要求都是实用，要在培养学生综合素质方面发挥有效作用，具有可操作性与实用性。创业教育也需要实践教学，创业教育的实践教学同样要求实用性。因此，在实践平台的建设上，要突出实用性原则。一要结合学科专业特点，有针对性地加以建设，按照专业人才培养目标和培养方案的要求进行建设。二要结合学生实际，不同学段的学生对实践教学的要求不同，不能采取"一刀切"的办法，而应采取灵活的办法，以保障实用性。三要结合创业教育需要，针对创业的特点加以建设，在培养应用技术型人才的同时，兼顾创业教育需要，提高人才培养质量。四要针对学生的实际需要搭建实践平台，促进学生成长与发展。

2. 针对性

实践教学主要是培养学生理论联系实际和利用所学知识解决实际问题的能力，实践教学资源的整合，要服务和服从于这一目的，在资源整合和平台建设上体现针对性。所谓针对性，就是根据专业实践教学需要建设实践平台，服务于培养学生综合素质和创业教育需要。一是实践平台要针对学科专业特点、按照学科专业人才培养要求进行资源整合与建设，不能千篇一律、建无所用，要提高实践平台的使用率和使用效果，提高平台在人才培养方面的功能作用，与理论教学有机衔接，互相补充与促进，共同发挥育人功能。二是实践平台要满足学生发展需要，学生可以通过实践平台应用知识，提高实践应用能力，使综合素质得到拓展，思维方式得到锻炼，应用能力得到提升，学生还可以创造性地进行试验、尝试、设计，发挥实践平台的知识验证作用、创新创造作用。三是发挥创业教育的功用，培养学生的创业意识与创业品质。实践平台也是创业平台，学生可以在此平台发挥想象力，将自己的设想进行实践尝试与设计，在实践中体验创业，培育创业的热情、意识、动机与兴趣，提升创业品质，培养创业能力，让实践平台为学生创业服务。

3. 自主性

实践平台服务学生发展，是学生成长的基地和桥梁，学生可以在此平台进行自由发展与创造。所谓自主性，就是实践平台要为学生的自主发展服务，学生可以自由自主地利用实践平台，根据自身需要加强锻炼进行创造，提高自身综合素质。实践资源的整合和平台建设，一是要体现开放性，满足学生随时随地随机的使用需要，全方位地服务学生，为学生提供开放式服务。二是各学科专业要结合人才培养、科学研究的需要，加强实践平台建设，学科专业之间可以互相衔接与补充，但不可雷同，各学科专业的实践平台需要有机组合，形成人才培养的有机链条。三是实践平台要适应创业教育的需要，立足于实践平台，培养学生的创新精神和创业意识，提升创业素质，最终达到创业能力的提高，为学生成功创业奠定基础。

（三）文化平台

大学文化在人才培养过程中发挥着重要作用，应用技术型人才培养、创业教育要发挥文化育人功能，就要整合文化资源，加强平台建设，积极发挥文化功能，培养学生综合素质。创业教育融入应用技术型人才培养，应主要构建以下三种文化氛围。

1. 应用文化

高校类型的不同，文化建设的导向也有所不同。应用技术型人才培养应构建一种应用文化，服务于应用技术型人才培养。所谓应用文化，主要是在应用技术型人才培养过程中塑造的一种注重技术、注重应用的文化，使学生具有应用的观念、应用的品质、应用的能力。一是构建崇尚技术的文化。要加强技术的学习与使用，熟练掌握本专业的核心技术、生产技术，进行技术开发与创新，能够以技术为侧重点来培养人才，提高技术使用、技术创造和技术开发的能力与水平，使培养的学生具有追求技术的品质、开发技术的毅力、应用技术的能力。二是构建崇尚应用的文化。坚持理论联系实际，凸显实践应用的重要性，发挥应用的功能。在教学过程中体现应用，在日常管理中体现应用，在课程考核中体现应用，坚持以应用为主线培养人才，坚守应用的定位，倡导应用的文化，使培养的学生能够学以致用、应用为先、应用为主，以应用为中心提高自身综合素质。

2. 创业文化

创业是应用技术型人才的特色与优势，创业也是当代大学生必备的基本素质和品质，在大学生就业难、社会需求小于毕业生数量的情况下，大学生创业具有广阔的市场潜力，大学生自主创业是大学生实现人生价值的重要渠道和基本形式之一。在应用技术型人才培养过程中，要积极实施创业教育，大力培养大学生的创业意识、创业能力，激励与促进大学生自主创业。在实践教学资源整合与平台建设过程中，要积极倡导创业文化。一是倡导创业自信的文化。创业自信即对自己依靠专业知识进行创业充满信心，相信创业能够成功。创业自信要求个体能够遵循创业特点与规律，根据市场需求寻找创业商机，科学设计创业计划与创业项目，逐步实现成功创业。二是倡导创业有为的文化。要改变就业观念，就业不是大学生实现自身价值的唯一渠道，自主创业同样大有作为，自主创业同样是服务社会的重要方式和手段，成功创业对于社会发展具有重要作用，自主创业会创造社会财富，得到社会的认可，也是大学生成长发展的重要渠道。三是倡导创业价值的文化。创业是实现自身价值的基本形式之一，大学生创业对于实现自身价值具有重要影响和推动作用，大学生自主创业在促进经济社会发展、为社会做贡献等方面具有重要作用，要充分肯定和积极鼓励大学生自主创业，形成大学竞相自主创业的良好局面，整合平台资源，全方位促进大学生进行创业。

3. 创新文化

创业与创新紧密相关，实践也需要创新。应用技术型人才培养与创业教育，需要创新引领，结合专业进行开拓创新。要秉承创新文化，不断开拓实践教学与创业教育新局面，以创新文化引领育人体系。一是坚持创新导向。坚持以创新来打开人才培养新局面，以创新引领发展，将创新精神、创新思维融入人才培养全过程，培养学生创新品质。二是拓展创新功能。整合实践教学资源，搭建实践平台，凝聚创新力量，在应用技术型人才培养过程中融入创新的元素与成分，培养高素质人才，增强创业品味。三是提升创新品质。在资源整合与平台建设过程中，坚持以创新来引领和发展平台，以创新带动实践平台建设，高起点打造人才培养高地，以创新营造实践教学与创业教育高地，培养高水平的创新创业与应用技术型人才，实现人才培养与创新创业的互动与发展，多渠道、多思路培养人才，形成良好的育人格局和办学思路，以创新驱动发展，不断提高育人质量。

第二节　基于产教融合的校外实践教学平台

实践教学不仅局限于校内平台，而且应该开辟校外平台，通过校外平台，促进学生实践能力的深化与拓展，让学生在校外实践教学平台获得丰富的、接近生产管理一线的实践知识与能力，培养学生的综合素质。校外实践教学平台的建设有多种形式与路径，侧重点也有所不同，但总体来说，校外实践教学平台建设的基本形式是产教融合。产教融合是产学研的深度结合，比产学研合作具有更宽泛的基础和更深厚的内涵，培养应用技术型人才，产教融合是必然道路。基于应用技术型人才培养的创业教育，应该与实践教学紧密结合，实现二者的有机整合。本节主要探索基于产教融合的校外实践教学平台的建设。

一、产教融合突出了实践教学

关于产教融合，至今没有一个统一且权威的定义。通过对现有文献的梳理，产教融合可以从两个层面来理解：从狭义层面上来看，"产"指生产，"教"指教学，产教融合就是指教学与生产的融合。这种融合的实质就是培养有技术的人才，是中职、中专、高职、高专等类型院校所采取的主要的人才培养方式；从广义层面上来看，"产"指产业，"教"指教育，产教融合就是指教育与产业的融合。"融合"指的是两种或多种不同事物合成一体，是指相关事物之间发生质的变化，成为一种新事物，这种新事物在形式、内容方面可能不同于原有事物，质量也有所提升和改变。[①] 这种融合的实质就是培养应用技术型人才，是地方高校转型发展培养高素质应用技术型人才的主要方式。

产教融合的目的在于跟踪社会需求，完善人才培养模式，提高人才培养的社会适应性，满足区域经济社会发展对人才的需求，实现教育与经济社会的协调发展。就大部分地方高校而言，通过产教融合的模式来培养应用技术型人才，主要是为了突出实践教学，培养学生的实践能力、操作能力，使之适应生产、管理、经营一线的需要，在提高人才培养适应性的同时，达到提高人才培养质量的目的。产教融合主要通过突出实践教学来达到上述要求。

（一）根据市场需求，完善专业结构

产教融合需要通过学科专业这个中介来实现。学校的人才培养是按照专业进行的，不同的专业有不同的人才培养特点、规律；与产业的融合，也是按照专业来进行的，不同的专业，与产业结合的方式方法也有不同的特点与规律。因此，产教融合要通过专业建设来实现和落实，专业建设是产教融合的中介与

---

① 罗汝珍. 市场经济背景下高等职业教育产教融合机制研究［J］. 教育与职业，2014（7）：8－11.

桥梁。

基于产教融合的专业建设，要根据市场需求来进行。一是根据市场需求调整专业设置。专业是人才培养的载体，专业建设关系着人才培养质量，是高校办学的基础与主线。基于产教融合的专业建设，首先要跟踪社会需求，做好市场调研，了解市场、产业、经济社会发展对人才需求的状况、特点与规律，了解市场需求的质量与数量，在此基础上，结合学校办学基础和学科基础，设置相关专业，在专业设置的基础上加强课程体系建设、师资队伍建设、教学质量标准建设，完善教学大纲、人才培养方案和人才培养环节，不断优化专业人才培养模式，提高人才培养质量。二是根据市场需求完善专业结构。在专业设置的基础上，要优化专业结构，构建专业建设的预警机制，对不适合市场需求、办学基础薄弱的专业，要形成专业退出机制。要根据市场需求与专业基础，增设市场需求紧缺的专业，满足市场需求与学生就业需求。要根据市场需求与区域经济社会发展需求，完善专业结构体系，形成对接区域经济社会发展的"专业群"，形成专业与社会的有机对接、互动融合、协调发展，提高专业建设质量与人才培养质量，为产教融合提供坚实基础。

（二）根据专业布局，构建融合框架

产教融合，强调的是专业与产业的对接与互动，要求在人才培养过程中，专业与产业互相融入，共同介入人才培养的全过程，目的在于提高应用技术型人才培养质量，为区域经济社会发展提供人才资源支撑。在当前产业转型升级与经济结构调整的背景下，产教融合是地方经济发展对高等教育的必然要求，是实现高等教育内涵发展和产业、技术进步的重要驱动，是高等教育人才培养的必要之举，是构建现代教育体系的重要内容和实现路径，也是我国教育必须长期坚持的发展方向。

在专业设置与专业结构优化的前提下，产教融合需要根据专业布局，构建专业与产业融合的框架体系，为专业与产业合作培养人才搭建平台。一是专业布局对接产业布局。要根据区域产业布局优化专业布局，形成优势专业对接支柱产业、"专业群"对接"产业链"的专业与产业融合格局，实现专业与产业的紧密对接。专业布局有一定的周期性，要提前进行市场调研，了解产业的未来需求状况，前瞻性地进行专业布局，适应未来产业的需要；要及时淘汰市场需求较弱的专业，突出市场变化，跟进市场前景，适时做出专业布局的调整。二是搭建专业与产业融合平台。要按照专业性质，遵循专业特点和规律，结合产业的状况，构建人才培养的平台，理顺人才培养的渠道。这些平台主要包括：（1）技术应用平台，主要是企业生产线、管理、经营平台，使学生在掌握一定理论知识的基础上，深入产业一线，理论联系实际，了解产业流程和核心技术，突出技术应用；（2）实验实习实训平台。学校与企业联合建立实验室，一方面供教师与学生使用，另一方面供企业技术创新使用，使联合实验室起到培养学生实验能力的效果。学校可委托企业管理学生参与实习的相关事宜，企业人员对学生进行实习指导与技术指导，提高学生在生产一线的实际能力。学校与企业共同构建实训基地，通过实训项目，提高学生的实践操作动手能力，拓展综合素质。

（三）根据融合框架，理顺实践体系

产教融合重在实践能力的培养。实践能力主要是在应用过程中形成，在实际的场景中应用，因此，课堂教学很难达到培养实践能力的目的。培养应用技术型人才，提高学生的实践能力，需要与企业进行充分合作，利用企业的资源，结合专业特点，在融合框架的基础上，理顺实践体系。

一要理顺实践教学体系。将实践教学作为人才培养的重要环节加以设计，利用企业的优势，加强学校资源与企业资源的整合，拓展体系，形成与专业要求协调一致的实践教学体系，突出实践能力培养。形成学校与企业联合培养人才的格局，需要学校与企业共同制定人才培养标准、人才培养方案，共同参与人才培养过程。二要理顺实验实习实训基地，构建完善的实践体系。综合利用校内外资源，加强与企业事业合作，根据不同专业的特点，开发与完善实习实践实训基地，为学生提供稳定有序的服务，培养学生的职业能力，为学生的创业奠定基础。三要理顺毕业设计环节。毕业设计是理论与实践紧密结合的教学模式，要鼓励学生在实践中发现项目，在实践中理解与分析项目的解决思路，结合专业理论知识，提出创新性的观点、思路与对策，提高学生发现问题、分析问题和解决问题的实际能力。

二、基于产教融合的创业教育与实践教学校外平台

就应用技术型人才培养而言，产教融合是必然选择，因为应用技术型人才不仅强调理论教学，更需要实践教学，培养实践能力是其基本要求。就创业教育而言，产教融合也是必要途径，因为创业教育更需要融入生产一线，在实践中接受创业的训练，感受创业的真实场景。创业教育融入应用技术型人才培养全过程，需要进一步理顺产教融合的体制机制，发挥校企合作的优势，构建创

业教育与实践教学的校外平台，培养具有创业意识的应用技术型人才，实现学生的成功创业。在产教融合的背景下，其实践教学基地的构建需要多方合作，协调一致，共同搭建，形成以学校为主导、企业为主体、政府为引领的教育教学格局，支撑创业教育与人才培养体系。

（一）学校主导

学校始终在人才培养中占据主导地位。在产教融合过程中，学校通过制定标准、教学管理、师资建设等环节，确保产教融合的顺利推进与实施效果，确保人才培养质量不断提高。

1. 制定标准

学校应根据学科专业特点和人才培养目标，围绕学校整体的办学理念明确办学定位，制定切实可行的质量标准与质量保障体系，确保人才培养质量。在制定标准的过程中，要重点关注与协调以下几个方面的问题：（1）办学理念是指引。办学理念是学校办学的依据和指引，质量标准的制定首先应考虑办学理念，确保质量标准与办学理念协调一致，而不是与办学理念相违背。（2）办学定位是坐标。学校的办学定位是办学的具体依据，是人才培养的坐标指南，质量标准的建立应以办学定位为参照，不能与之相违背。（3）人才培养目标是依据。在产教融合过程中，教学质量标准必须依据学校的人才培养目标来确定，要围绕人才培养目标提出的质量要求加以合理化设计，不能使教学违背人才培养目标的定位。（4）学科专业特点与规律。要遵循学科专业特点与规律制定教学质量标准，不同的学科专业有不同的教学规律和特点，在产教融合过程中，不能忽略学科专业的这一情况，应分析规律、综合谋划、合理分类。（5）市场需求状况。教学质量标准的建立要考虑市场的需求状况，按照市场需求加以合理化设计，市场的需求风向往往是教学改革的方向。（6）企业实际。产教融合，不能仅考虑学校的实际，更要考虑企业的实际，将学校与企业的实际状况对接起来，通盘考虑实施方案和教学安排，落实质量标准，形成从上到下一系列的教学运行体系。

2. 教学管理

学校是人才培养的主体，在产教融合过程中，学校要按照人才培养方案的要求，形成教学管理的规范化体系和教学质量保障体系，确保教学运行畅通、教学标准得以落实。（1）组织教学运行。实践教学是应用技术型人才培养的重要渠道，也是创业教育的必要形式，学校要在教学运行上加强管理，确保教学运行畅通，能够取得良好效果。一要确保教学资源落实到位，满足教学需要。产教融合涉及方方面面的环节，教学资源分散、教学环节繁杂、教学层次不一，学校应对此加强协调，确保各级各类教学的顺利运行，保障质量。在师资队伍、教材使用、学生管理、课堂秩序等方面加强管理，制定规范性文件，进行过程调控。（2）组织教学评估。为确保教学运行的质量，在教学运行的一定阶段，学校应组织开展全面的教学评估，教学评估要与企业共同举办，全面客观地分析教学过程中存在的缺点和不足，提出整改的具体措施，为后续教学改革指明方向，不断优化教学管理，确保教学质量稳步提升。

3. 师资建设

师资队伍是教学的前提，也是确保教学质量的关键环节。在产教融合的背景下，创业教育与实践教学结合，需要加强"双师双能型"教师队伍的建设，确保实践教学与创业教育取得实效。一是吸引企业主管人员、技术人员兼职从事课堂教学。企业主管人员、技术人员了解生产线的核心技术，可以帮助学生掌握生产管理方面的知识，了解生产过程与经营实务，培养学生的创业意识和实践能力。学校要制定兼职人员从事教学的规范性文件，明确兼职人才从事教学的权利义务关系。兼职人员要严格按照教学管理规定从事教学活动，不得违反学校的教学规定，从事与教学无关的行为。二是学校应选派业务骨干、年轻教师到企业交流学习。高校教师往往是理论教学具有优势，但是，由于缺乏实践经验，高校教师对企业运行及技术需求的了解较少，因而在实践教学上相对薄弱，理论与实践的联系不够。将业务骨干、年轻教师安排到企业实践，可以弥补这些不足，帮助这些教师掌握实践性知识，为改进教学奠定基础。三是加强高校教师与兼职教师的交流合作。高校教师与兼职教师之间的交流合作，可以使其取长补短，共同进步，围绕创业教育与实践教学实际，定期开展交流学习，以此来达到提高教学质量的目的。

（二）企业主体

在产教融合的过程中，特别是实践教学环节，企业是主体，学生利用企业资源参与实践学习，融入企业生产一线，培养综合素质与实践能力，培育创业意识与创业能力。企业应主要通过搭建平台、实践教学、指导学生等方式来发挥育人功能。

1. 搭建平台

企业作为生产经营部门，具有丰富的教学资源，但是，由于之前缺乏人才培养与实践教学的计划与经历，因此往往缺乏将教学资源整合起来的意识。在产教融合的背景下，企业参与人才培养，落实实践教学，应注重将教学资源按照高校人才培养质量标准加以整合利用，形成体系，服务教学与人才培养的需要。（1）整合教学资源。企业要发挥自身资源优势，挖掘有利于教学与人才培养的丰富资源，将其加以整合开发，形成有利于实践教学的体系，在不影响生产经营的前提下，发挥其育人功能。（2）形成育人格局。围绕创业教育、实践教学需要，构建实践教学平台、科技研发平台。优化与完善生产线，使之成为实践教学的主阵地，培养学生的动手能力、生产能力、经营本领、创业意识。围绕实验实习实训需求，企业与高校联合建立实验室，促进科技研发，在服务生产的同时，营造良好的育人氛围，实现教学、科研、生产的深度融合。（3）生产教学一体化。促进产学研合作，在生产线上挖掘教学内涵，在科技研发中激发育人元素与成分，使教学与生产的联系更加紧密，使教学成效更加突出，切实培养学生的创业意识与实践能力。

2. 职业教育

企业作为产教融合的重要一方，在培养学生实践能力的同时，应重点培养学生的职业能力，帮助学生了解企业生产流程和技术，对学生进行职业教育，培养学生的职业规划意识和创业意识。（1）劳动教育。新的历史时期，党和国家的教育方针重提"劳动"的品质，意味深远，青年学生需要接受劳动的再教育。在产教融合的过程中，企业要培养学生劳动的观念，养成热爱劳动和吃苦耐劳的品质，树立劳动是生存需要和社会发展需要的观念，形成劳动的习惯。（2）职业规划意识培育。在企业的学习过程中，通过参与生产实践，结合自身所学专业知识，合理规划自身的职业发展，明确职业发展方向，掌握职业发展所需要的综合素质与能力。（3）培育创业意识。通过企业实习与锻炼，了解创业的渠道，把握创业机遇，提升创业能力，明确创业方向，为未来创业奠定基础。明确创业与就业的关系，充分认识创业的意义与价值，在条件成熟的情况下积极开展创业实践，实现成功创业。

3. 学生指导

企业也是学生获得知识和技能的场所，学生在企业实践的过程中，会遇到一些困惑与问题，这些困惑与问题的成功解决，可以帮助学生较好发展，企业要加强对学生的跟踪与指导，达到培养学生的目的。（1）生产技术指导。企业的生产技术有别于学生从书本上所学到的理论知识与原理，学生在企业实习，会感到理论与实践的差别，因而产生一些疑问。企业应加强对学生的指导，帮助学生了解理论应用于技术的原理、流程和效果，使学生能够较快地把握生产线的核心技术。（2）毕业设计（论文）指导。毕业设计（论文）是检验学生所学理论知识应用情况的必要手段，毕业设计（论文）的选题最好来自于实践，充分体现理论应用的价值。企业应该从选题、开题、设计、检验等环节加强对学生的指导，帮助学生高质量完成毕业设计（论文）。同时，学生通过毕业设计（论文），可以为企业生产提供有价值的创新性成果，将科研成果加以转化，可以服务于生产实践。（3）疑难问题解答。学生在企业的学习过程中，会遇到一些疑难问题，这些问题往往会影响学生成功就业或创业，企业应该加强对这些疑难问题的解答，帮助学生走出困境，增强创业意识，提升自身综合素质与能力。

（三）政府引领

产教融合不仅仅是学校与企业的事，也是政府监管的对象，在学校与企业进行产教融合的过程中，会遇到一系列学校和企业自身无法解决的实际问题，这些问题制约与影响了产教融合的进程与效果。对这些问题的及时、有效解决，会促进产教融合的顺利推进。政府在促进产教融合的过程中，主要发挥着政策引领、评估督促、经费支持的作用，是促进学校与企业成功实现产教融合的纽带与桥梁。

1. 出台文件

产教融合涉及方方面面的环节、流程与因素，仅靠学校与企业的力量往往难以应对，政府应加强协调与管理。政府作为的形式，除了日常的监管以外，主要是通过制定文件的形式，以政策来引领产教融合规范化发展。（1）明确激励办法。政府应该鼓励产教融合，制定产教融合的奖励办法，引导学校与企业积极进行产教融合，实现教育与生产的互利共赢，增加社会财富，为社会做出贡献。（2）明确产教融合学校与企业双方的权利义务关系。通过制定相关文件，合理界定产教融合双方的权利义务，让学校与企业知道自己该干什么、不该干什么、哪些是自己该做的、哪些是自己不该做的，等等。权利义务明确，产教融合才能够顺利推进，在规范化的轨道上良性运行，达到应有的效果。（3）明确违约责任。产教融合双方应通过合同形式全面明确双方违约责任，在产教融合的过程中，难免会产生一些偏离轨道的现象，产生违约问题，政府应通过制定文件的形式，明确双方违约责任的承担与履行，为产教融合保驾护航，避免问题升级或扩大化，影响产教融合的进程与效果。

2. 加强评估

产教融合的效果如何、对社会的贡献大小，均需要评估后才能判断。对产教融合实施评估，可以通过第三方，也可以通过政府实施，即使由第三方实施，第三方也应该有政府委托。政府在评估过程中发挥着重要作用。（1）对学校的评估。主要评估学校实施产教融合的规划、举措、效果，评估学校参与产教融合的方式方法和效果，评估产教融合对学生产生的影响、对人才培养质量的影响以及对促进学生就业、创业的影响。提出改进的意见，为学校参与产教融合提供借鉴与参考。（2）对企业的评估。主要评估企业参与产教融合的规划、举措、效果，评估企业参与产教融合的方式方法和效果，评估产教融合对企业产生的影响、对人才培养质量的影响以及对促进学生就业、创业的影响。提出改进的意见，为企业参与产教融合提供借鉴与参考。（3）对效果的评估。主要评估产教融合对社会的贡献率，通过学校人才培养、企业生产效率等指标，综合分析产教融合对双方、对社会的贡献以及社会、用人单位对学生的评价。

3. 经费支持

产教融合不仅有利于学校与企业双方，而且有利于区域经济社会发展，政府不仅应该为产教融合提供政策支持，拓展渠道，鼓励发展，而且应该为产教融合提供一定的资金支持，服务于产教融合发展。（1）为学校提供经费。学校实施产教融合的经费不足，与企业共建平台的经费受办学经费的制约，政府应该为学校提供一定的经费支持。（2）为企业提供贷款或减税。为增进产教融合，政府除了为学校提供一定经费之外，可以通过为企业提供贷款或减税等形式，支持企业参与产教融合，促进产教融合顺利实施，取得理想效果。

下 篇

创业教育融入应用技术型
人才培养的路径

应用技术型人才培养具有自身的特点、规律，创业教育是一种新型的教育模式，应用技术型人才培养与创业教育既有某些共同点，也有一些不同点，二者结合在一起，可以相互影响、相互促进。在以上对创业教育融入应用技术型人才培养机制构建进行探讨的基础上，进一步探讨创业教育融入应用技术型人才培养的路径，具有重要的理论意义与应用价值，下篇主要从四个方面对创业教育融入应用技术型人才培养的路径加以探讨：一是确立质量标准，这是基本前提。包括应用技术型人才创业教育的内在要求、应用技术型人才创业教育的质量标准；二是完善课程体系，这是主体任务。包括明确应用技术型人才创业教育的目标任务、完善应用技术型人才创业教育的课程体系；三是优化师资队伍，这是关键环节。包括应用技术型人才创业教育的特点与规律、应用技术型人才创业教育师资队伍建设；四是构建评估体系，这是质量保障。包括构建创业导向的创业教育评估目标、构建质量本位的创业教育评估体系、构建应用取向的创业教育评估方法。

第六章 确立质量标准是创业教育融入 应用技术型人才培养的基本前提

培养应用技术型人才是适应我国经济社会发展需要的必然选择,这并不意味着人才培养质量和标准降低了,而是对应用技术这一领域的人才培养质量和标准要求更高了。同样,创业教育作为一种普适性的教育范畴,不同类型的高校、不同层次和阶段的教育,其要求与标准也不相同,应用型高校对创业教育的要求需要和应用技术型人才培养紧密对接,使二者相互促进、相互影响和相互作用,促进二者的良性循环和互动,达到培养高素质应用技术型人才的最终目的。创业教育融入应用技术型人才培养,对创业教育提出了新的要求,确立基于应用技术型人才培养创业教育的质量标准,是实现应用技术型人才培养和创业教育有效融合的基本前提和方向指导。本章主要从应用技术型人才培养对创业教育的新要求出发,探讨基于应用技术型人才培养创业教育的质量标准问题。

第一节 应用技术型人才创业教育的内在要求

应用技术型人才培养有别于其他类型人才培养的典型特征在于这种教育以生产、经营、管理一线的需求为导向,以培养学生应用技术能力为核心,以适应经济社会转型升级为立足点,是一种培养高层次技术应用人才的教育。如上篇所述,这种类型的教育与创业教育紧密结合,互为基础,互相促进,应用技术型人才培养需要与创业教育有机整合起来,才能更好地培养应用技术型人才,提高人才培养质量。必须明确,应用技术型人才培养不仅是高等教育类型的变化,更是高等教育内涵的深刻变革。高等教育不仅在教学、科研、社会服务等方面发生了深刻变革,而且对创业教育也提出了新的要求,这些要求能否得到满足又反过来影响到应用技术型人才培养的质量与成效，同时，也只有正确把握这些新的要求，才能构建创业教育的新体系。

一、创业教育要符合区域经济社会发展需求

应用技术型人才主要是用来服务区域经济建设与社会发展的一线人才，其培养必须结合区域经济社会发展的实际情况，同样，基于应用技术型人才培养的创业教育，也离不开区域经济社会发展的实际，整个创业教育体系包括其教育目标的制定、教育方法的选择、教育过程的设计、教育内容的确定等，都离不开区域经济社会发展实际。一方面，基于应用技术型人才培养的创业教育离不开区域经济社会发展的支持，区域经济社会发展为应用技术型人才培养创业教育提供着坚实基础，区域经济社会发展直接影响着地方政府财政对地方高校的财政拨款。因此，基于应用技术型人才培养的创业教育，必须对区域经济社会发展的实际情况进行深入调研，真正掌握区域经济社会发展的现状，明确需求，分析区域经济社会发展存在的问题，把握区域经济社会发展的未来趋势，为创业教育发展提供有利的现实条件和基础。另一方面，基于应用技术型人才培养的创业教育必须与区域经济社会发展相适应，服务于区域经济社会发展，把为区域经济社会发展培养创业人才放在首要位置，为区域经济社会发展培养大量的创业人才，使这些创业人才深入区域经济社会发展的生产一线，为区域经济社会发展创造物质财富和精神财富。要加强创业教育与行业、企业、地方政府等方面的联系，建立起互助共赢的合作模式，实现创业教育的社会价值。

二、创业教育要与应用技术教育相结合

应用技术型人才培养和创业教育相互影响，相互制约，互为前提和条件，为此，需要弄清应用技术教育对创业教育的影响，寻找应用技术教育和创业教育的结合点，使两者相互适应，相互配合，实现最佳的整合，达到教育目标。要整合资源，合理设计，实现融合，把应用技术教育重视技术教育和应用教育的理念渗透到创业教育的各个环节，促进创业教育目标、模式、方法等方面的变革。一方面，应用技术型人才培养过程中要融入创业教育的元素，在各学科专业培养计划中增加创业教育的内容、目标、方法、措施，通过改革人才培养方案，在具体的教学目标、教学方法、教学内容改革等方面融入创业教育，加强对人才培养模式的改革，遵循创业教育规律，合理设计教学模式与教学过

程，提高人才培养与创业教育质量。另一方面，创业教育没有独立于人才培养之外，不应该另起炉灶，它必须依托于人才培养的整体过程。基于应用技术型人才培养的创业教育则必须依托于应用技术教育，与应用技术教育发展相适应，两者相互融合，相互支撑。应用技术教育的发展必须适应市场经济的发展，根据市场需要制定发展的方向和规模，那么创业教育也必须把市场需求放在重要的位置，培养能融入市场经济的创业型人才，这种人才既具备创业知识与能力，又具有技术知识与能力，是真正的复合型人才。总体上来讲，创业教育需要应用技术教育的支撑，否则就是无根之木，即使发展再好，也无法实现可持续发展，更无法实现良性循环发展。创业教育必须深入理解和重点把握应用技术教育的目标、内容、模式、措施、方法并想方设法地融入应用技术教育，按照应用技术教育的特点和规律来开展，才能培养出合格的创业人才。

三、创业教育要与技术发展相适应

20 世纪以来，随着知识经济和信息化时代的到来，以计算机网络为核心的现代科学技术迅速发展，这个时代涉及几个核心的关键词"云计算"、"大数据"、"互联网＋"，这些影响着应用技术型人才培养创业教育的内容、方法和手段。《信息安全词典》认为"云计算"是一种超大规模、虚拟化、易扩展、按需提供、低成本的网络服务的交付和使用模式，云计算可以让创业教育变得更为简单有效，人们可以进行创业教育资源的共享和分工合作。"大数据"时代的到来，意味着数据的价值达到了前所未有的高度，整个社会对收集、存储、处理数据的要求在不断增加，以便从中获取有价值的信息，进行科学决策。"大数据"具有信息或数据量超大、数据变化速度快、数据的多样化等特点。我们不仅可以应用大数据对创业教育的发展现状和特点进行分析和把握，而且还可以对创业教育的未来进行预测。"互联网＋"可以简单的理解为"互联网＋各个传统行业"，这并不意味着两者只需要进行简单的相加，而是要依靠信息通信技术和互联网平台，使互联网与传统行业进行重组，寻求新的发展模式。"互联网＋"需要充分发挥互联网在社会资源配置中的作用，借以促进传统行业的转型升级和创新发展。

"云计算"、"大数据"、"互联网＋"是技术领域的重要变革，它打破了人们对于创业教育的传统认识和理解，形成了新的理念和主张。尤其是"互联网＋"对创业教育提出的要求，更是我们不得不提及的问题，这里仅从"互联网＋"的角度去思考创业教育发展的新思路。

互联网时代的到来，为广大的大学生提供了新的创业平台，比如腾讯公司的微信、微博、QQ，阿里巴巴的淘宝、天猫，优酷、土豆等。这些新平台的出现为大学生创业者提供了新的机遇和挑战，转变了大学生创业者的创业模式，影响了大学生创业者的创业行为。"互联网＋"要求基于应用技术型人才培养的创业教育必须以学生需求为导向，重视学生个性的发展，整合学生的经验，引导学生进行积极体验，以适应"互联网＋"对创业者的需求。必须以学生满意度和社会满意度作为衡量创业教育成功与否的标准，落实自身创业教育的主体责任，明确创业教育的目的，采取有效的创业教育手段与方法，把"互联网＋"引入到创业教育的内容、方法和过程中去，实现两者的有机结合。同时，基于"互联网＋"环境下的创业教育，必须积极引导学生进行线上学习和线下学习，让线上学习与线下学习相相结合，学生既可以利用哈弗大学、耶鲁大学、剑桥大学等世界一流学校的创业教育慕课资源，也可以运用北大、清华、复旦等国内一流大学的创业教育慕课资源。但更为重要的是，担任创业教育工作的教师需要积极的对学生的课程学习加以有效的监督、指导和评价，实现面对面的指导，让学生树立正确的创业观念，培养学生的创业意识，锻炼学生的创业能力，增强学生的创业风险意识，鼓励学生抓住创业机会，进行创业。

四、创业教育需要培养创新精神

创业的基础是创新，创业同时又推动着创新。创业实质上是人们的一种创新性实践活动。无论是何种形式的创业活动，它们都具有一个共同的特点，即：创业是一种创业者自主的能动性、创造性实践活动。经济学家熊波特曾说过："创业包括创新和未曾尝试过的技术。"创业者只有在创业实践的过程中，拥有创新意识、创新能力以及创新品质，富有创业价值的想法和方案才会出现，创业者最终才能获得创业的成功。

创新的价值最终体现在创业上。从某种意义上来讲，创新的价值就在于将潜在的知识、技术、工艺、手段等与生产生活实际相结合，转变为现实的生产力，实现其经济价值和社会效应，满足人们日益增长的物质文化需求，而实现这种结合的有效途径就是创业。一方面，创业者必须具有识别和抓住创业机会的能力以及承担创业风险的精神；另一方面，创新者的创新成果只有经过创业者推向市场以后，才能使得创新成果的潜在市场价值得以实现，创新成果也才能转化为现实生产力，这也进一步证明了创新与创业的相互关联。创业推动创新，比如创业可以催生新发明、新产品或是新服务等，提供新的市场需求，从而进一步加速其他方面的创新，因而也就提高了整个国家的创新能力，促进了社会经济的可持续发展。

创新与创业两者相互影响、相互制约。学术界的创新学派就曾论述："创业是实现创新的过程，而创新是创业的本质和手段。"创新是应用技术教育的重要特征，基于应用技术型人才培养的创业教育本身就是一种教育理念和教育模式的创新，它要求在人才培养目标、教育方法、课程内容等方面进行新的尝试和变革。在应用技术教育背景下，创业教育也要求创新，这与创业教育的特征相符，与创业教育的内在价值追求相一致。因此，应用技术教育在重视应用性和技术性的同时，还必须重视创新性，应用技术教育必须建立健全学生创新创业机制体制，搭建学生创新创业平台，出台一系列政策措施推进学生的创新创业实践活动。

应用技术教育背景下的创业教育，必须理清创新与创业之间的关系，正确处理创新与创业的关系，发挥创新与创业的协同作用。因此，应用技术教育赋予了创业教育人才培养新的内涵，即创业教育应该培养创新精神——创业教育在致力于培养高素质的创业人才的同时，不能漠视对学生创新精神、创新能力的培养，也就是说，基于应用技术型人才培养的创业教育应该培养具有创新创业精神和创新创业能力的创新创业人才。

目前学界关于创新的定义比较趋同，这里仅选取两个比较有代表性的界定。巴内特（H. G. Barnett）在他的《创新：文化变迁的基础》（1953）一书中认为："创新是在质的方面所出现的不同于现存形式的任何新思想、行为或事物的总称。"《现代经济词典》认为："创新是指对旧事物的变革和新事物的创立。泛指一切创造性的活动。从大的方面说，可有知识创新、技术创新、制度创新等。"据此，我们可以得出创新的关键在于创造，在于摒弃旧的，创造新的，一切新观点、新方法、新技术、新手段、新材料都可以当作是创新。

具体来讲，创新精神是学生进行创新活动必须具备的心理特征，创业教育在创新精神的培养过程中体现为激发学生对客观事物的兴趣和好奇心，鼓励学生进行大胆的怀疑，鼓励创业人才的求异思维，提倡学生进行理性冒险。创业精神是学生应该具备的心理素质和精神品质，创业精神为学生创业提供了精神动力，为学生的创业活动提供了心理支持，成为他们在创业实践中不畏艰难、敢于冒险、不怕挫折、最终取得成功的精神动力。

创新能力是指创业人才在创业实践过程中提供新观念、新技术、新方法、新工艺的能力。创业教育需要尊重学生的个性，尊重学生的新观念、新想法，鼓励学生进行新工艺、新方法、新技术的创造，鼓励学生发现创业实践过程中出现的新问题，并尝试运用新的方法和思路解决创业过程中的问题，从而构建新的创业理论和思维。创业教育鼓励学生在新的技术领域拥有创新的能力，比如逻辑思维能力、丰富的想象力、敏锐的观察力。创业能力主要是指进行创业实践活动的能力，其包括识别和抓住创业机会的能力、承担创业风险的能力等方面的能力，创业能力是学生进行创业活动的必要条件，也是学生的创业实践活动成败的关键因素。培养和发展学生的创业能力，贯穿于应用技术型人才培养创业教育的各个环节，但主要还是通过各种创业实践活动来加以锻炼，将创业知识与创业实践结合起来，才是提高大学生创业能力的根本途径。

五、创业教育要与社会实践相结合

实践是检验真理的唯一标准，也是检验某一设想正确与否的基本准则。任何形式的假设、任何类型的尝试，最终只有接受实践的检验，才能验证其正确性与合理性，不然就是盲目的思想和行为，是靠不住的东西。创业和创业教育也是一样，创业的效果如何，不能是创业者自己说了算，也不是别人说了算，而是看创业活动在社会实践中如何发挥作用，发挥的作用有多大，其成效如何，给经济社会发展带来了多少正向的推动力，给创业者个人带来了多少实实在在的利益；就创业教育而言，高校开展创业教育的形式多样，类型各异，模式不同，但究竟哪种形式、类型、模式更适合于培养学生的创业能力，能够使学生走向成功创业，不是学校说了算，不是老师说了算，也不是学生说了算，而是看学生在社会上实现成功创业的几率和效果如何，是社会评价说了算，社会实践说了算。只有在广阔的社会实践中，才能洞察与分析创业及创业教育的实际效果，社会实践是创业及创业教育成效的试金石。

对于在校大学生而言，社会实践的基本形式是参与生产劳动，因此，创业教育需要与生产劳动相结合，以培养创业理论与创业实践相统一的创业人才。教育与生产劳动相结合，历来是社会主义教育遵循的基本原则，教育与生产劳动相结合，是造就德、智、体、美、劳全面发展的人的唯一方法，也是大工业生产发展的必然趋势，是提高社会生产力的客观要求。市场经济的发展强化了教育与生产劳动间的相互联系和作用，教育与生产劳动相结合是市场经济赖以存在和发展的必不可少的条件，也是社会生产力发展的必然趋势。现代社会生产、科学技术与教育已经密不可分，现代教育发挥着传递科学知识和生产技术的双重作用，成为连接科学技术和生产劳动的中介力量。只有教育、科学技术与生产劳动形成有机的整体，才能降低人的片面发展的可能性，才能实现真正意义上的教育平等。

基于应用技术型人才培养的创业教育是一种培养生产、经营、管理一线合格人才的教育，又是培养从事基层的创业者的教育，这种教育尤其需要与生产劳动、生产实践相结合，二者结合的程度如何，直接影响到应用技术型人才培养的质量和创业教育的成效。创业教育与生产劳动相结合，这就要求应用技术教育背景下的创业教育，要更好地坚持与社会实践相结合的教育教学原则，积极构建以学创结合、工学结合、产学结合、学用结合为主的人才培养模式，培养符合区域经济社会发展、有利于推动产业结构优化升级、适应现代化进程的复合型创新创业人才。可以通过产学研结合的方式，使创业教育与社会生产实践紧密结合，促进教师科研水平的提高和科技成果的转化，引领广大师生了解参与企业生产经营管理，了解企业的生产技术发展动态与需求，促进学生应用技术能力和创新创业能力的提升，促使学生的创新创业素质与社会和行业需要相适应。同时，学校可以聘请社会行业专家、企业技术人员、创业家、企业家等各界人士担任学校的创业导师，经常与学生进行交流讨论，传授学生创业经验，促进学生进行创业体验，尝试进行有经济价值的创业设计，增强学生的创业信心，强化学生的创业风险意识，并为学生提供创业实践机会。

六、创业教育要实现开放性

应用技术教育从诞生之初就不是封闭的，它是在欧洲经济增长缓慢，社会竞争力减弱，市场对技能型人才的需要增长的情况下产生的。应用技术教育从来就不是象牙塔式的教育，它必须关注社会经济的发展，结合自身发展的特征，去实施教育活动，才能实现其目标。因此，应用技术教育背景下的创业教育必然抛弃封闭式的教育模式，推行开放性的教育方式，才能使创业教育取得良好效果。

1. 创业教育理念的开放性

创业，本身是市场化的行为，而市场是开放性，因此，创业也是开放性的行为，我们不能预测哪个学生会尝试创业，也不能预测其创业的成效如何，创业个体和创业行为是完全开放的。开展创业教育，应遵循开放的教育理念，在教育教学过程中要面向全体而又不限制个体，接受教育是学生自愿的行为，而不是学校的强制行为。应用技术型人才培养本身也是开放性的教育，是体现产业、社会、学校三者之间紧密对接融合的教育方式，基于应用技术型人才培养的创业教育，其教育教学范式和教育教学方法必然也要体现其开放性，在教育教学模式、方式方法等方面要实现开放办学，不能脱离区域经济社会发展实际和学生的个性发展需要，是在学校、社会、产业、学生四位一体相互协商、要素兼顾的基础上的办学行为，任何孤立、单一、割据、封闭的办学模式都不是创业教育所应采取的。同时，创业教育还要关注学生的终身发展，从学生终身发展的角度和视野培养学生的创新创业能力，打破阶段性教育的界限，实现学生个性化的终身教育，构建纵向、横向开放的教育教学格局。

2. 创业教育模式的开放性

创业情境各不相同，创业方式也千差万别，因此，创业行为不能整齐划一。由此推知，创业教育适应创业行为的特点和规律，也应该是因校而异、因人而异的，创业教育不是统一的格式或范式，而是因材施教、因教育目标不同而开展的开放性教育，没有限定不变的模式。国务院《关于深化高等学校创新创业教育改革的实施意见》明确提出："各高校要广泛开展启发式、讨论式、参与式教学，扩大小班化教学覆盖面，推动教师把国际前沿学术发展、最新研究成果和实践经验融入课堂教学，注重培养学生的批判性和创造性思维，激发创新创业灵感。"因此，国家提倡的创新创业教育，实质上是对整个高等教育模式的一次较为深刻的变革，瞄准了未来社会对人才的需求，具有长远的眼光[①]。基于应用技术型人才培养的创业教育，要依照应用技术型人才培养和创业教育双重开放的特点，在教育教学模式上广泛探索，形成适合学校人才培养目标、创业教育要求的人才培养体系，不拘一格培养区域经济社会发展所需要的合格人才。

3. 创业教育师资队伍的开放性

开展创业教育，教师是根本，教师是核心力量和源头活水，如何构建适合于创业教育特点规律的教师队伍，是创业教育成功与否的关键。我们知道，应用技术型人才培养大量需要"双师双能型"教师，这类教师既具有深厚的专业理论功底，又具有广泛的产业行业实践经验，不仅教授专业知识、专业理论，传达专业学术前沿动态，而且传授给学生一定的产业行业一线经验。创新创业教育同样需要"双师双能型"甚至"多师多能型"教师，因为创业行为涉及的知识面广、实践经验丰富，唯有"多师多能型"教师方能担此教育重任。这样的教师，不仅可以是学校在编的专人教师，也可以是社会各界的优秀人员。

---

① 孙明；杨雅坤. 以先进理念深化应用型大学创新创业教育 [J].珠江论丛，2015（3）.

《关于深化高等学校创新创业教育改革的实施意见》指出，"高校要聘请知名科学家、创业成功者、企业家、风险投资人等各行各业优秀人才，担任创业课程或指导教师。"[1] 因此，为成功开展创业教育，教师队伍建设需要向校外进行扩展，吸纳社会各界创业人才的加入，发挥他们创业成败的经历和体悟对学生创业的示范作用，为学生提供更为专业有效的创业指导，充分发挥这些"杂牌军"教师队伍在创业教育中的优势与互补作用，将学生培养成有潜力和实力的创业者。

4. 创业教育平台的开放性

平台是创业教育的载体，创业教育需要借助有形的和无形的一系列平台来实施。由于创业教育内容的繁杂、教育对象的不同、专业来源的区别，创业教育平台应多样化。同时，应用技术型人才培养也具有自身的特点与规律，不仅需要传授理论知识，而且需要传授实践知识或经验知识，这些知识的获得，同样离不开教育平台的支撑。基于应用技术型人才培养的创业教育整合了创业教育与应用技术型人才培养的各种特点与规律，需要借助的平台类型更多、功能更广，需要多方构建，形成体系，兼顾人才培养的各个方面。这样的平台建设，需要按照教育教学需要开放组建，整合与吸收各种资源，全方位进行开发建设。这种开放式的教育教学平台应该囊括校内外的各种创业实践平台，不仅要搭建校内创业教育的课程平台、实验教学平台，如创业孵化园、创业学院，还要大力建设一批校外创业教育基地，实现校地共建创业教育平台，以提高创业教育的社会适应性，实现创业教育的经济效应和社会效应。

七、创业教育要顺应"大众创业，万众创业"的新形势

"大众创业，万众创新"已经被写入两会的政府工作报告之中，这表明大众创新创业已成为国家层面的顶层设计，整个社会都在积极营造良好的"创业创新"环境和氛围。政府对创业创新者的要求是"法无禁止皆可为"，为中国的创新创业者出台了一系列鼓励政策和支持措施，设立 400 亿元的新兴产业创投引导基金，引发和主导一线城市的"创客风潮"；中央主流媒体宣传创业者的创业故事，可见国家对于"大众创业，万众创新"的重视，掀起了中国自上而下的创新创业浪潮。创新创业不仅是大学生的价值追求，而且已经形成了全

---

① 孙明；杨雅坤. 以先进理念深化应用型大学创新创业教育 [J]. 珠江论丛，2015（3）.

社会的创业风潮，"创客"已经成为一种新的社会身份，越来越多的人以成为创客为荣，"创客潮"已经在全国掀起了势不可挡的浪潮，越来越多的城市出现了"创客空间"。

当前"大众创业，万众创新"的观念已深入人心，各种新模式、新工艺、新方法、新产业不断涌现，激发了整个社会的活力，为经济社会的发展带来了新的生机，释放了创造力。"大众创业，万众创新"重在解读"众"字，它表明创新创业已经不是精英者的特权，而是每个社会成员拥有的权力，社会应鼓励广大人们群众参与进来，允许有创新创业欲望和能力的人积极探索创新、敢于尝试创业，无论是高校教师、大学生还是家庭妇女、退役军人，社会各界人士都可以投身创新创业，形成众创、众筹的发展态势。

在"大众创业，万众创新"的新形势之下，应用技术类型高校开展创业教育已经成为一种必然选择，这与应用技术教育的发展相适应，是应用技术教育发展的必由之路。在应用技术教育的背景下，创业教育必须顺应"大众创新，万众创业"的新形势，抓住机遇，迎接挑战，积极推进创业教育。一方面，要认真贯彻和落实党中央、国务院、教育部关于创新创业人才培养的政策措施，主动适应经济社会发展的新常态，深化创新创业教育改革，探索创新创业教育新模式，营造校园创新创业文化，强化创新创业实践，为"大众创业，万众创新"提供新的生力军。另一方面，要继续拓展与深化创业教育体系，高校的创业教育，在于使学生理性创业、成功创业，创业的基础更牢固，创业的知识更专业，创业的方式更科学，创业的方法更合理。基于应用技术型人才培养的创业教育，应与其他类型的创业教育有所区别，突出特色，使培养的创业人才能够在基层下得去、留得住、干得好，创业的基础更牢、成效更好，为经济社会贡献的力量更大，使创业教育成为所在高校服务区域经济社会发展的重要力量。

八、创业教育需要借鉴发达国家的先进经验

西方发达国家开展创业教育较早，积累了一些先进经验，借鉴西方发达国家的先进经验，可以使我国的创业教育少走弯路，使我国的创业教育尽快形成完善的体制、机制和体系。国外开展创业教育的成功经验很多，限于篇幅，本文主要从美、英、德、日四个发达国家开展创业教育的情况进行梳理，为我国应用技术型人才培养创业教育的良好开展提供借鉴。

1. 美国创业教育的先进经验

20世纪中叶以后美国的经济结构发生了极大的转变，中小企业突飞猛进，推动了美国社会经济的发展，政府开始专门制定相关法律支持中小企业的创业与发展。高校开始重视提升学生的创业意识，传授学生创业知识，培养学生创业能力，一些高校开始设立创业方向，建立与创业相关的硕士学位制度，开设创业课程，研究创业教育，推动了美国创业教育的发展。

美国高校的创业教育形成了以学生的创业需求为出发点的课程体系和教学内容，大量运用案例教学，重点探讨小企业生产与运作管理方面面临的难题，系统成功整合了创业者所需具备的意识、个性特征、核心能力，培养学生识别和抓住创业机会的能力。高校配备了雄厚的创业教育师资力量，大量创业风险投资家、创业家、实业家、职业经理人等具有创业实践经验的人参与到了高校的创业教育中。

美国高校重视学生的创业实践实习，培养学生的创业能力，鼓励学生积极组织和参与创业活动。一些企业为高校创业教育提供创业基金，为学生进行创业实践提供机会。此外，高校与企业会进行有效的"产学研"合作，使高校创业教育理论和实践有机结合。一些高校还创设创业教育教学与研究中心和创业研究基金会，鼓励高校进行创业教育教学方面的研究，推动全社会创业教育教学的良性发展，为美国经济社会的发展注入了活力。

2. 英国创业教育的先进经验

英国是全球创业教育开展最成熟的国家，英国高校的创业教育从整体上来讲比较务实，它将高校的教学、科研与企业等资源整合起来，大力支持学生的创业教育实践。高校通过各种创业大赛推动创业教育实践的发展，许多高校都定期开展各类创业大赛，通过设立高额的奖金激励学生参赛，并为学生提供必要的支持和指导。建立大学生科技园，充分发挥其孵化器的功能，为学生搭建创业实践平台，为学生提供场所和服务咨询。设立企业中心、创新创业中心等研究中心，为学生提供专家咨询与服务，并面向学生开设各类免费创业课程，传授创业所需的技能。建立网络化数据资源，为学生提供创业互联网资源平台，促进学生进行创业资源、创业知识、创业信息的共享。

英国高校的创业课程设置以创业问题为导向，既传授关于企业的创立、管理过程中的看得见的知识，也涉及识别创业机会、承担风险意识等方面潜移默化的知识。课程着重培养学生的创新精神和把握创业机会的能力，强调创业实践的重要性和创业能力的形成。创业、创新、创新管理、技术转让管理是创业课程的主要类型，同时一些高校也为弱势群体和特殊人群开设特色的创业课程。

英国高校的创业课程更加侧重对学生实践能力的培养，密切联系创业活动实际，采用案例教学、小组讨论等教学方式。创业课程的考核以小组项目、论文等方式进行，重点考核学生的综合能力和团队协作精神。邀请具有创业实践经验的校外企业主管、技术转让主管等参与到创业课程中去，成为高校创业教育的合作者，重视师资队伍的创业经验建设。搭建国际化创业平台，培养具有国际化视野的创业人才，培养学生在国际上寻找创业机会的能力。

英国创业教育致力于打造专业化的人才培养模式，专业形式多样，差异化明显，本科阶段和研究生阶段的创业教育存在较大区别。在本科生阶段，一些高校开设"创业学"课程，另一些高校开设"创业方向"课程，更为主要的方式是设立"联合学位"，强调创业课程与其他专业课程的融合。在研究生阶段，开设"创业学"讲授课程，强调创业能力的培养，为学生提供专业化的学习机会，学生可在专家的指导下完成创业计划，吸引投资者进行投资；一些学校另辟蹊径开设与创业相关的课程，侧重培养学生的管理、创新和变革能力；还有些学校在培养工商管理硕士的过程中，注重学生创业意识和创业实践经验的培养。

3. 德国创业教育的先进经验

德国作为二战后的战败国，经济崛起的一个重要原因在于德国拥有高素质的创新创业人才。德国设置了创业研究机构，建立了创业文献数据库，进行创业和创新方面的研究。德国大学则建立创业教育教授席位制度，在全日制大学开展创业教育活动。德国高校的创业教育赢得了社会各界的支持，尤其是国内大企业的支持，它们为学生提供了创业实践机会，有利于学生将创业理论和创业实践结合起来。政府从资金和政策上给予大学生创业资助和支持，鼓励高校进行产、学、研一体化的尝试，将科研成果转化成生产力，带动企业创新。

德国创业教育的针对性强，不同学校创业教育的重点不同。职业学校重视生存性创业教育，让学生掌握一技之长；综合性大学将创业教育与专业教育相结合，培养学生的创业理念，促进学生对创业商业运作模式的了解，重点支持创业精英的创业项目和高质量的创业项目，促进科技知识的转化。如柏林大学将学生高科技创业设计和创业项目引入创业孵化园，为能准确进行市场定位的商业模式提供机会，同时孵化园的导师对学生遇到的问题，会提供专业有效的指导，以促进这些项目和企业的生存，增强其生存能力和创新能力，以适应社会的激烈竞争。

德国创业教育十分重视创业理论和创业实践的结合，充分挖掘创业者身上的潜能，培养学生挖掘创新机会的能力，促进学生创新思想的形成。国家充分优化整个经济社会的创业环境，提供创业政策扶持，营造创业文化氛围。一些银行和大企业积极支持高校的创业教育，高校则鼓励教师进行创业和创业实践，加强与企业的横向联系。一些高校还通过创设创业论坛，完善创业教育课程体系。高校还积极打造创业文化，鼓励勇于参加创业的人才进行创业，促进学生形成正确合理的创业价值观，培养学生的创业意识，发挥创业的示范作用，以创业带动就业，以就业促进创业。

4. 日本创业教育的先进经验

20 世纪 60 年代，日本经济高速发展，日本高校开始重点培养应用技术人才，与企业联合开展了形式多样的产学研合作，一些高校开始为一些技术拥有者开设创业课程。20 世纪 80 年代，日本高校的创业教育开始发展起来，以创业教育讲座为主，注重培养学生的创新创业能力。21 世纪末之后，日本高校则把创业教育的重点放在了创业精神、思维方式、生存能力、创业技能的培养方面，并且开始将创业教育纳入学校的必修或选修课程。

日本高校的创业教育课程包括以创业精神以及创业意识为主的创业素质通识课程、以提高创业实际技能为主的技能模拟课程、以创业作为辅修专业的副专业等课程，使学生能学到全方位的创业知识，方便学生自己创立和经营企业。学生能够经常与一些企业家进行交流和讨论，进行创业体验，提高创业技能。日本大学通过进行通识性的创业课程教育，既加强了学生的创业精神教育，又重点培训了学生的创业技能，激发了学生的创业欲望，开发了学生的创业潜能，使得学生懂得如何创业，为学生创设企业提供了必要的条件。

日本经济产业省、文部科学省、厚生劳动省为中心的中央省厅，把创业教育列为国家发展的重要项目，在公司申请程序、扶持资金提供等方面出台了一系列优惠政策，通过创立"中小企业创业综合支援中心"，制定"青年自立挑战计划"，实施《技术专业促进法》，创建了大学创业联络员制度，指导并服务高校创业教育。日本的很多大企业积极向高校提供人才需求意见，为大学生创业实践提供实践基地，为有发展潜力的创业计划提供启动资金，与高校合作开发创业教育教材和课程，制定创业型人才培养计划和实施方案，一些成功的创业家和有丰富创业经历的企业家还担任了创业教育导师。

九、创业教育需要改革

创业教育在我国兴起和发展的历史不长，高校对创业教育的重视程度和开展创业教育的经验不足，创业教育在某种程度上还存在流于形式的现象，创业师资匮乏，课程建设滞后，理论与实践脱离，案例教学不完善，教育教学方法不活，总体的教育教学质量不高，大学生创业成效不高，这些问题困扰着当前高校的创业教育。应用技术型人才培养创业教育同样存在着以上问题，除此之外，还有创业教育与应用技术型人才培养融合不够、二者互相促进的体制机制尚不完善等问题。

从整体上来讲，目前学术教育体系下的创业教育趋于理论化，应用性较差，创业教育实践环节薄弱，学生创业体验较少，创业信心和创业积极性不足。学校的创业基地建设、创业孵化园的发展问题丛生，导致很多学生接受的创业教育只停留在"听"的基础上，缺少真正"实践"创业的体验，直接制约了创业教育的质量。缺乏对创业教育的有效评估，加之政府、企业、创业学生的反馈信息不足，致使创业教育的发展跟不上社会的实际需要。

具体来讲，目前基于应用技术型人才培养的创业教育存在一些"短板"，具体体现在以下几个方面：一是创业教育师资严重短缺，创业教育教师的专业化水平不高，缺乏创业经验，往往停留在教材和资料层面，无法给学生的创业教育提供实际有效的指导，使得创业教育往往只停留在理论教学之中，实际教育效果较差。二是对创业教育重视不够，对创业教育的认识还存在一定误区，认为应用技术教育就应该以就业为导向，创业教育只能针对少数人，学校应该把专业教育放在首位，创业教育处在从属地位。有的学校领导和教师还片面地认为创业教育就是让学生创办企业、提高就业率。可见创业教育对许多应用技术类型高校来讲，仍然是新兴事物，接受度和认可度还有待提高。三是创业教育目标不明，在人才培养目标中只设置创业教育课程，创业教育目标要么未设置，要么表述模糊不清，没有搞清楚创业教育最终要解决什么问题。创业教育目标定位不准导致创业教育的开展具有极大的盲目性，是影响创业教育质量的重要因素，也严重制约了创业型人才的培养质量。四是创业教育没有进行独立设置，大都设置在大学生职业规划和就业指导课程之中，专业化程度不高。创业教育课程体系不能适应学生的创业需求，课程设置缺乏科学性、合理性和特色。创业教育的教材内容存在抽象笼统的情况，内容陈旧过时，对学生缺乏吸引力。创业课程门数和学时数较少并且设置学期不合理，缺乏有效的针对性，创业体验方面的课程极少，甚至根本没有。

2015年5月国务院办公厅颁布了《关于深化高等学校创新创业教育改革的实施意见》，该文件的颁布为创业教育改革提供了指导思想，提出了创业教育的九项改革措施，并且要求加强创业教育改革的组织领导，建议各地区、各高校健全体制机制、细化实施方案、强化督导落实、加强宣传引导。

针对存在的问题，结合国家有关创业教育的文件，就必须大力推动创业教育综合改革，只有创业教育改革措施落实到位，才能有效解决目前创业教育存在的问题，才能提高创业教育质量，才能为社会输送高质量的创业型人才，才能实现国家的创新驱动战略，才能满足社会经济转型发展的需要。应用技术型人才培养创业教育需要重点进行一系列具体改革举措，促进创业教育与应用技术型人才培养的深度融合，为区域经济社会发展培养高质量的适用型创新创业人才。

第二节　应用技术型人才创业教育的质量标准

相对而言，创业教育在我国兴起的时间较晚，高校开展创业教育不过是近几件的事，正处于政策驱动和外部推进的状况，创业教育在高校的自觉发展还有很长的一段路，创业教育的完善的体系尚未建立起来。特别是创业教育的质量标准还没有确立，只有一系列政策性、方向性规定，导致目前高校的创业教育无标准可依，各高校开展创业教育都处于探索阶段。开展应用技术教育的高校往往都是新建本科院校，处于人才培养模式频繁变更的阶段，从效仿老牌本科院校办学到培养应用技术型人才，教学改革的力度大，一时难以适应，创业教育的叠加更使得应用型高校不堪重负。如何将应用技术型人才培养和创业教育有机结合起来，通过什么样的标准将二者统一起来，是目前应用技术类型高校面临的关键问题。本节主要从创业教育宗旨与目标的角度，探讨基于应用技术型人才培养的创业教育的质量标准问题，为应用型高校开展创业教育提供参考。

一、应用为先的创业意识

意识决定行动，动机是任何行为的逻辑起点，有什么样的意识，就有什么样行为的可能性，而任何行为都直接产生于动机。创业教育的首要目的在于培养学生的创业意识，激发学生的创业动机。学生创业意识和创业动机的培养，可以通过创业通识课程培养，也可以通过创业案例、创业实践来养成。同时，创业意识和创业动机的形成是一个长期的过程，需要创业文化的熏陶与个人感悟。具体来说，要培养怎样的创业意识和创业动机，各类型高校不尽相同，学术型高校也开展创业教育，其培养学生创业的层次较高，主要是借助高新科学技术的创业，当然，其所培养的创业意识和创业动机也界定在基于高新科学技术的层面上。应用技术类型高校，其创业教育的宗旨在于培养学生在基层创业，利用所学应用技术创业，其创业意识和创业动机界定在生产、经营、管理一线层面上，这是应用技术型高校创业教育与其他类型高校创业教育的区别所在。

从应用技术型人才培养目标来看，应用是核心，学生就业的关键在于将专业技术应用于开发，服务于生产、实践和管理一线，学生创业的关键在于将专业技术应用于创新，离开了应用，也就违背了应用型人才的培养目标。

创业意识的培养，需要构建完善的体系，一是理论课程体系，要针对应用技术型人才和创业教育的特点与规律，构建具有科学性的理论教学体系，加强课程建设，完善考核体系，为创业意识的培养奠定理论基础。二是实践课程体系，要针对创业意识的形成机制，构建具有合理性的实践课程体系，这种课程体系在培养创业意识方面发挥着激励作用，为创业意识的形成奠定实践基础。三是文化育人体系。要针对创业教育，大力加强校园文化建设，发挥文化引领作用，以应用为先的创业文化来熏陶与感染学生，通过社团建设、文化活动、育人载体等形式，培养学生的创业意识，激发创业意识。四是社会实践活动。组织大学生积极参加社会实践、生产实践，深入产业企业，了解生产管理经营状况，通过必要的指导与服务，帮助大学生形成创业意识。五是市场调研活动。围绕应用技术的应用，积极组织学生开展市场调研，了解市场需求状况和经济社会发展趋势，寻求创业商机，激发创业动机，强化创业意识。六是校友创业交流。组织成功创业的校友来校交流创业经验，协助在校学生开展创业设计，与学生在创业计划、创业路径、创业模式等方面加以交流，激发其创业情怀，形成创业意识与动机，实施成功创业。

二、技术本位的创业知识

创业知识是实现成功创业的关键，因此，帮助学生掌握全面系统的创业知识是创业教育的根本任务和关键环节。培养应用技术型人才，应在应用为先的创业意识培养的基础上，大力加强以技术为本位的创业知识的教学，培养学生利用专业技术知识实现成功创业的能力。创业知识范围很广，从分类上来看，既有专业技术方面的知识，也有心理学、社会学、教育学领域的知识；从内容上来看，既有专业基础理论知识，也有专业实践知识和专业背景知识；从运用上来看，既有本体性知识，也有方法论知识。面对如此宽泛的知识体系，创业教育如何教学？这是一个制约创业教育的主线性问题，也是影响大学生创业的关键问题。基于应用技术型人才培养的创业教育，在创业知识的教学上应突出技术本位，培养学生利用专业技术进行创业的实践能力。

应用为先的创业意识培养，首先应立足于学生对专业技术的牢固掌握，这要通过人才培养过程来实现。要制定以应用为核心的人才培养体系，完善人才培养方案，在理论教学、实践教学、课程考核与评价等方面确定基于"应用"的质量标准，加强教学改革。具体上来讲，基于应用技术型人才培养的创业教育，在创业知识方面应达到的标准具体应体现在以下几个方面：1、扎实系统的专业基础知识是前提。创业或者就业，都需要全面系统、扎实可靠的专业基础，这是对应用技术型人才的基本要求，也是对应用技术型人才培养提出的基本要求。就应用技术型人才而言，专业基础知识主要包括：专业基础课程知识、专业核心课程知识、专业拓展课程知识，这些课程知识由易到难、前后联系、互相促进，是相对完整的专业课程体系。对这些课程知识的掌握，要求基础牢固、掌握核心、灵活运用。所谓基础牢固，就是要学好该专业的基础性知识，能够熟练运用基础性知识；所谓掌握核心，就是要把该专业的核心课程知识学到手，掌握专业核心能力，这是该专业区别于其他专业的关键，要能解决本专业的关键问题；所谓灵活运用，就是要把拓展课程知识掌握好，能够建立本专业与临近专业之间的知识联系，具备知识迁移的能力，能够利用本专业知识解决临近专业的共性问题。总体上来讲，对于专业基础知识的掌握，要求掌握基本原理、基础理论和基本技能。基本原理是共性的，理论性较强，应用技术型人才主要掌握基本原理的结论性东西，至于原理的推导过程、来龙去脉，则可简要掌握（那是学术型人才应该掌握的）；基础理论承上启下，上接基本原理，下承基本技能，因此是学好本专业的前提，需要学生全面掌握，做到理解清楚、了解推导过程、明确来龙去脉；基本技能是基础理论的延续和拓展，也是应用技术型人才的职业要求，是应用技术型人才培养的重心所在，要求对专业技能熟练掌握、灵活运用，达到"专"而"精"，能够高效地解决现场问题。2、与专业基础融合对接的创业知识是根本。要实现成功创业，仅仅靠专业基础知识是不够的，还必须借助与专业基础融合对接的创业知识，这是实现成功创业的关键。创业知识有共性的成分，如创业心理、创业思想、创业实务，等等，这些都是创业者应该掌握的常识性知识。但是具体的创业知识往往不是孤立存在的，大都与专业紧密结合，是专业教育与创业教育融合对接的产物和体现，掌握这些知识，有利于专业人才实现成功创业。基于应用技术型人才培养的创业教育，需要将专业基础知识和创业知识紧密结合起来，实现二者的互补、促进与共生。对于教学的基本标准和要求是：一要在专业知识的教学中融入创业知识，实现专业与创业的高度融合与对接。以专业促进创业，以创业带动专业，将专业与创业的基础知识衔接起来，形成交叉性很强的知识体系。根据上述专业知识的标准与要求，应用技术型人才的专业知识多为技术性的，那么自然地，其创业教育的知识也应多为技术性的，体现为专业技术基础上的创业技术。二要形成创业知识的完整体系，使学生全面理解与掌握。要根据专业知识体系，形成相应的创业知识体系，与上述专业知识相对应，这个创业知识体系同样包括创业原理、创业基础理论和创业基本技能。创业原理是每个学生都要掌握的创业前提性知识；创业基础理论是创业原理的深化与拓展，又是创业技能的基础，主要包括与专业融为一体的创业理论、创业思路、创业模式、创业策略，是应用技术型人才区别于其他专业人才创业的根本点，要求学生全面理解与掌握，能够做到应用于实际，指导自身创业实践；创业技能则与专业技能对接更紧密，是在专业技能基础上的嫁接与拓展，是大学生创业实践直接可以使用的东西，每个创业的大学生应熟练掌握，灵活运用，并在创业实践活动中结合自身实际和工作环节对其加以改造创新。3、创业技巧性知识是成功创业的捷径。技巧性知识对于任何工作的从事都是不可缺少的，这类知识可以使事情达到事半功倍的效果，创业活动也是一样。基于应用技术型人才培养的创业教育，在创业技巧的传授上，应达到下列标准和要求：一是积极主动，善于把握时机。机会总是眷恋有准备的人，应用技术型人才应主动对待自身创业，要有时刻做好创业准备的心理素质，不错过任何一次有价值的创业机会，通过各种途径，寻找创业机会；对于把握到的创业机会，要精心谋划，咨询导师，与同学研讨，分析其必要性与可行性，反复斟酌，拟定计划与方案，在关键时刻付诸行动，实现最大化的创业实践，取得预期效益。

三、适应产业的创业素养

创业素质是创业者具备的综合素质，是决定创业是否成功、创业水平高低的重要因素。创业素质包括创业意识、创业知识、创业能力和创新精神等，就应用技术型人才而言，创业素质主要体现为与应用技术型人才素质相互渗透合一的综合素质，基于应用技术型人才培养的创业教育，应着重培养学生的这种综合素质，以便实现学生自主创业、成功创业和高水平创业。

具体而言，基于应用技术型人才培养的创业教育，应注重培养学生适应产业的创业素质。所谓适应产业，一是围绕产业状况培养能力，提升自身专业素养和综合能力，二是适应产业发展需求积极开展创业，在此过程中提升创业能力与综合素质。（1）提高自身专业素养和综合能力，既是人才培养的专业任务，也是创业教育的主要任务，二者是紧密结合在一起的，因此，基于应用技术型人才培养的创业教育，其基本的标准和要求，就是要将创业教育融入应用技术型人才培养全过程，培养具有扎实应用技术专业基础，又具有全面创业素质的创业型人才。将创业教育融入应用技术型人才培养全过程，要完善四个机制，即：创业教育与区域产业的对接机制、创业教育与专业教育的融合机制、创业教育与创新教育的契合机制、创业教育与实践教学的贯通机制。其中，创业教育与区域产业的对接机制是创业教育适应区域产业的前提，是培养区域性创业人才的重要载体；创业教育与专业教育的融合机制是核心，体现了人才培养的专业技术性和创业性；创业教育与创新教育的契合机制是侧重点，培养创业人才，创新精神不可少，创新与创业不可分；创业教育与实践教学的贯通机制是落脚点，培养创业人才，需要借助实践教学，理论联系实际是必然选择。（2）提升创业能力与综合素质，同样既是应用技术型人才培养的任务，也是创业教育的任务，但重心在于创业教育，是在专业教育基础上的品质提升和素质拓展。适应产业的创业素质，要求学生能够在产业运行过程中发挥自身专业所长实现成功创业，具有适应产业、融入产业、开拓市场的能力，找准自身专业与产业的契合点，不断深化专业与产业的融通，在产业发展中实现自身发展。这就要求创业教育围绕产业而开展，一要了解产业，分析市场，通过全面系统的调研，明确产业发展趋势与市场紧缺需要，明确创业的方向；二要积极开拓市场，围绕产业需求，理清发展思路，形成创业规划，在分析论证的基础上积极开展创业实践，将创业设想付诸创业实践；三要合理评估创业成效，分析创业的投入与产出，总结成功的经验，查找存在的不足，提出在原基础上继续创业的方案设计或改进策略，也可改变创业方向，重新设计方案，不断尝试，直到取得预期成效。

总之，创业素质是一项综合素质，与应用技术型人才培养结合在一起，就更加具有了综合性与实践性，创业素质是一个由创业意识、创业知识、创业能力、创新精神、创业思维等共同组成的集合体，对于这样一种综合性很强的素质的培养，需要一系列体系与机制的共同作用，高校应该在人才培养方案、人才培养计划、办学过程、质量保障、反馈机制、合作育人、实践教学等方面，建立起一整套高效、规范化的模式与制度体系，将应用技术型人才培养与创业教育紧密结合起来，实现二者的有效互补与协调一致，培养适应区域产业发展的高素质创业人才。

四、自我协调的创业能力

创业能力除了具有以上所论及的因素以外，还包括创业者自身自我协调的成分，即自我协调的创业能力，这里主要是从创业者自身主观能动性上来讲的。所谓自我协调的创业能力，是指创业者能够充分发挥自身能动性开展创业，自我调适心理、思想与思维，使创业活动在正确理智的轨道上有序运行，也指创业者能够根据变化了的情况和形势，自我调节创业行为，从而使创业活动取得预期成效，实现创业者的高水平、成功创业。

基于应用技术型人才培养的创业教育，在自我协调的创业能力方面，应该达到以下标准和要求：一是创业愿望强，具有千方百计创业的价值追求。目前，大学生就业压力大，在供需见面招聘会上，大学毕业生多人竞争一个岗位的情况普遍存在，二在事业单位和政府机关的用人制度上，一律实行考试录用的办法。面对严峻的就业形势，作为应用技术型人才而言，在大学生就业总体格局中不占优势，其就业的压力更大，就业的机会相对更少，因此，应用技术型人才培养，应注重对学生进行创业教育，使创业成为应用技术型人才的必要选择之一。要使学生具有强烈的创业意愿，甘愿用自身所长在社会上成功创业。在大学本科四年的教学过程中，要全程进行创业教育，使创业教育融入人才培养全过程，制定创业教育的标准与要求，完善课程考试与实践环节的考试体系，确保创业教育质量，提升人才培养的综合质量，使培养的学生具有强烈的创业愿望，自愿在创业中实现自身价值，心甘情愿将专业所长应用于创业实践，在创业大潮中有所作为，有所成就，在服务社会的同时，实现自身人生价值。二是创业动力足，具有合理定位自身目标的创业激情。仅有创业愿望，还不能实现成功创业，任何行为都是由动机产生的，创业也需要动机。基于应用技术型人才培养的创业教育，需要重点培养学生的创业动机、创业激情和创业灵感，使学生具有充足的创业动力，能够在社会中合理定位职业发展目标和人生价值目标，善于把握时机，随时准备创业，实现成功创业。这就要求在人才培养过程中，建立大学生职业生涯规划教育，加强职业生涯规划的指导和创业教育的有序开展，营造创业文化，完善创业课程体系，开展案例教学，深入产业开展市场调研，激励学生的创业激情，为学生自主创业提供环境与条件，助力学生创业。三是创业效果好，具有适应环境变化的自我调适能力。创业是一项艰辛的活动，也是一个长期的过程，创业过程中会遇到困难与挫折，因此，创业需要坚强的毅力和稳定的兴趣。当今大学生往往意志力薄弱，缺乏吃苦耐劳的品质，缺乏战胜困难的信心好勇气，面对创业，可能会激情来的比较快，但是去的也比较快，导致创业有始无终，功败垂成。因此，成功创业需要的是坚强的意志力、持久的信念感，这不仅需要创业能力的支撑，更需要创业者心理的自我调适，以便在创业过程中遇到困难和挫折的时候，能够成功战胜，绕过困难，变挫折为动力，增强创业的信心和勇气。因此，创业教育的开展，要有意识地加强大学生心理素质的培养，提高他们自我调适的心理素质和能力，通过创业案例，分析成功与失败的因素，从中找出创业的规律与特点，为学生成功创业做好伏笔，助长学生成功创业的毅力、决心，为学生成功创业做好心理素质和应变能力上的充分准备。

五、适应社会的创业品质

创业品质是创业者综合素质的继续深化和提升，是高水平创业所必需的内在因素。创业品质融入创业者总体素质之中，分为很多层次和因素，各种类型创业者的创业品质不同，既有共性，又有个性。就共性而言，高水平的创业品质一般包括：广阔的创业视野、清晰的创业思维、明确的创业目标、有序的创业路径，等等，能够把握创业的社会环境、专业优势和创业策略。就个性而言，创业品质往往与专业背景、社会阅历、个性特质等因素有关，是相对全面系统而又因人而异的内在素养体现，按照人才培养类型，可以做出大致的范围区别。就应用技术型人才培养的创业教育而言，应重点培养学生适应社会的创业品质，就是要立足社会对创业人才需要的特点与规律开展创业教育，形成创业品质，具体而言，应主要培养以下创业品质，达到以下的基本要求：一是成熟的创业思想，能够针对社会需求状况合理规划创业导向，二是稳定的创业情怀，能够以创业为中心科学设计职业规划，三是明确的创业思路，能够融入社会需求科学谋划创业计划，四是扎实的创业基础，能够结合社会需求有效开展创业实践。

1. 成熟的创业思想

思想是行动的指引，有什么样的思想就会有什么样的行为。创业实践同样需要创业思想的引领和推动，创业教育要在创业文化的熏陶中培育学生成熟的创业思想，全面领会创业的本质、目标、路径、策略，实现合理创业、科学创业和高水平创业。基于应用技术型人才培养的创业教育，要培育学生成熟的创业思想，通过创业课程、创业实践、创业指导，在创业文化中引领学生把握创业思维，科学认识创业，合理开展创业，全面推进创业。应该认识到，对于应用技术型人才而言，创业是其就业的主流趋势，在大学生就业压力日益增大的情况下，应用技术型人才要明确创业的意义、必要性和可行性，要针对经济社会发展需求，合理规划自身创业导向，明确自身创业的目标、路径与策略，实现终身职业发展，要树立在创业中实现自身人生价值的远大理想和创业自信。同时，要能够根据变化了的情况和形势，及时调整自身创业的方向和策略，适当调整创业手段，使创业实践沿着正确的道路推进。在创业的不同阶段，要能够实现自我评价，总结成功创业的经验，反思创业失败的原因，不断总结，提高自身能力，失败并不可怕，挫折也无所畏，要抱着必胜的信念，在创业的道路上开创佳绩。

2. 稳定的创业情怀

创业是一种新生事物，目前尚处于探索期，创业具有尝试性、创新性和风险性，没有成功的经验可以复制，因此，创业过程中难免会有失败和挫折，如果遇到困难、挫折就裹足不前，创业永远不会成功，或者说即便成功，也是偶然的，零散的，幸运的。因此，创业需要坚强的意志力和稳定的兴趣感，需要有稳定的创业情怀，这对创业是至关重要的。对于应用技术型创业教育而言，要着重培养学生的创业意愿、创业志趣、创业爱好，最终形成稳定的创业情怀，把创业作为自身职业发展的价值追求和目标导向，能够以此为中心科学设计自身职业发展规划，在不同的阶段谋划阶段性目标和任务，采取有针对性的措施办法，达到预期成效，在此基础上继续向高水平创业推进和发展。在挫折面前不沮丧，在失败面前不气馁，坚信目标一定能够实现，心中有必胜的信念，充分调动一切积极因素，全身心投入到创业实践之中，不断加强学习与提高，一步一步实现自身创业理想。

3. 明确的创业思路

思路决定出路，好的思路其实已经预示着成功，创业也是一样，在纷繁复杂的创业实践中，能够根据社会需要、个人特点，按照创业规律，理清创业思路，是实现成功创业和高水平创业的关键环节。在应用技术型人才培养过程中开展创业教育，要特别注重对学生进行创业思路的培养，要使学生能够合理选择创业方向，科学设计创业路径，正确对待创业过程，能够结合社会发展需要，科学谋划创业计划，对创业的长远、中期、近期目标进行规划，并能将三类目标很好地衔接起来，形成封闭系统的创业链。在每一个创业阶段，实现重点突破，在整体创业链条中实现全面推进，将创业实践融入到自身职业发展，将创业规划与人生规划紧密对接，与社会发展相融合，实现个人价值、学校教育与社会需要的协调一致与并行推进，实现个人价值、教育价值与社会价值的融合与兼顾，最终造福社会，实现自身人生价值。

4. 扎实的创业基础

创业是实战，创业是真实情景中的尝试，没有扎实的创业基础，很难实现成功创业。在应用技术型人才培养过程中开展创业教育，就要着力培养学生扎实的创业基础，这些创业基础包括意识、知识、能力、素养、品质，其中能力是核心，要培养学生结合社会需要开展创业实践的洞察力、捕捉力、行动力和实战力。洞察力也可以叫做灵感，灵感稍纵即逝，要使学生能够敏锐把握创业灵感，在第一时间产生第一反应，时刻做好创业的准备；捕捉力就是捕捉市场机会的能力，要充分做好市场调研，紧密跟踪市场需求，对于市场的真实需求，要第一时间把握到，使之进入自身的创业计划，形成创业项目；行动力就是开展创业实践的能力，机会来了就能够马上行动，避免失去机会，克服等、靠、推诿的行为，要有雷厉风行开展创业的行动能力，第一时间抢占创业制高点；实战力就是创业过程中开展的能力，包括设计计划、采取措施、付诸行动、控制运行、反馈调整，等等。实战力是创业实践的全面展开，是对创业者综合素质和核心能力的全面应用和综合检验，需要创业者不断提高和完善。

第七章　完善课程体系是创业教育融入应用技术型人才培养的主体任务

　　应用技术教育背景下，创业教育要立足于办学定位和办学实际，大力培养学生的实践探索精神和能力，提升毕业生的就业创业能力。创业教育课程的设置关系到创业人才的培养目标能否实现，应用技术型教育应建立完善的创业教育课程体系，开展系统化的创业教育，更好地培养学生创业品质，使他们获得足够的创业知识和创业技能，拥有健康的创业心理、积极的创业精神和创新意识，能够把握创业机会，在大学毕业之后甚至毕业之前实现就业或创业，既满足个人发展需要，又促进经济社会发展。如何将创业教育课程纳入应用技术型人才培养的课程规划，将创业教育课程和专业教育课程紧密结合起来，构建有效的创业教育课程体系，是当前应用技术型人才培养面临的重要课题。本章主要探讨基于应用技术教育的创业教育课程的改革方向和课程体系。

第一节　明确应用技术型人才创业教育课程的目标任务

　　课程是教育的核心问题，创业教育课程在高校创业教育中同样居于核心地位。应用技术类型高校由于发展历史短，学校内涵发展相对薄弱，创业教育也还处于探索之中，对创业教育课程建设相对不足。因此，应加强课程建设的改革力度，实现高起点继承、高起点创新，采取有效措施抓好课程改革，以提高创业教育的质量和水平，促进创业型和应用技术型人才培养。

一、创业教育课程的重要作用

　　课程是教师教、学生学所依据的教学内容的总和，课程是教育教学的基本载体和教学内容的表现形式,开展创业教育,同样需要以课程为载体。创业教育课程是学校遵循一定的教育原则,向学生传授创业知识,培养学生创业技能,培育学生积极的创业精神和创新意识,提升学生的创业综合品质,使他们能够准确把握创业机会,积极开展创业活动,具有更强的社会适应性和独立生存发展的才能,而采取的有计划的教育教学内容和活动的总和。

近年来,教育部高度重视创业教育,出台了一系列政策文件,强调了创业教育课程的重要性,对创业教育课程教学目标、教学原则、教学内容、教学方法、教学组织等进行了宏观性规定,为创业教育课程建设指明了方向。创业教育课程建设在创业教育中占据关键地位,发挥着重要作用。

1. 提高应用技术型人才培养质量

应用技术型人才不仅需要理论知识,更需要实践知识,提高应用技术型人才培养质量,不仅需要专业教育,也需要创业教育,培养学生的创新精神、创业意识和创业能力。而从就业的角度考虑,创业教育通过引领学生的创业价值观,促进学生自主就业,实现自身人生价值。因此,总体上来讲,开设创业教育课程,将创业教育课程与专业教育课程融合起来,有利于培养学生的综合素质和技能,提高学生就业创业创新的能力和水平,可以带动与促进就业,实现学生的职业理想与人生价值。

2. 提高应用技术型人才综合素质与能力

应用技术型人才是典型的复合型人才,需要具备宽厚的基础理论知识、文理渗透的基本知识、实践应用的知识,等等,体现了理论与实践的紧密联系,也体现了教学与生产的结合。创业教育课程通过系统化、模块化的形式,将创新创业的知识与能力传授给学生,将创业知识与专业知识紧密结合起来,有效地促进了理论与实践的结合,不仅提高了学生的专业能力,而且提高了学生的创新创业能力,对于学生的终身发展产生重要影响。

3. 提高应用技术类型高校服务地方经济社会发展的能力

当前,正处在社会经济转型和高校转型发展的关键时期,高校要发挥自身优势,加强与地方企业、科技园和其他组织的合作,为劳动力市场提供高素质的专门人才,为企业提供技术支撑和科技服务。在实施创业教育课程的过程中,可以利用企事业单位的条件开展学生的创业实践活动,可以聘请企事业单位的优秀人才和成功人士来校从事创业教育,通过高校与地方企事业单位积极的合作交流,促进双方的人才培养、技术合作,能有效地把知识转化为生产力,有利于双方的共同发展。高校通过搭建平台,服务地方经济社会发展,在为地方经济和社会发展做出贡献的同时，也促进了学校自身的发展。

二、应用技术类型高校创业教育课程建设的现状

目前，在国家有关政策的引导下，高校已经开始重视对大学生进行创业教育，许多高校成立了创业学院等专门性机构，负责组织实施创业教育。目前，应用技术类型高校创业教育课程建设还刚刚起步，缺乏权威的创业教育教材，教育内容与我国的实际国情结合不够紧密，课程体系建设尚有大量工作要做。

（一）课程设置概况

近年来，大部分高校开始重视创业教育，加强创业教育课程体系建设，围绕学科专业和人才培养目标，开设了形式各样、各具特色的创业教育课程，将创业学分作为学生必修学分之一，为培养学生的创业意识、创新精神发挥了重要作用。

总体上来看，创业教育课程在设置、执行等环节上，呈现出以下基本状况。

从课程执行时间上来看，大多数学校在各年级各学期都开设有不同的创业教育课程，一般在大一大二开设相关的创业基础课程，比如职业生涯规划、就业指导课、创业市场分析、创业风险等；在大三大四开设创业实训课程，如企业经营模拟、创业实训项目等，基本上是循序渐进式的培养过程，先上基础理论课，进行创业理念引导和培养，然后上实践性的课程，理论与实践相结合。

从上课的形式上来看，在第一课堂开设创业理论课程，在第二课堂开展实训课程，基本上是将课程分为"创新创业基础理论"、"企业经营管理"、"创业实训实践"三大模块。体现了理论与实践应用的结合，重在学生实际应用。从师资队伍来看，大部分教师具有行业背景的学习经历，有在企业锻炼的经验，在辅导学生创业方面具有一定基础和优势，大部分高校还聘请企业人员到学校兼职任教，提高创业教育的效果。课程与竞赛相结合，大部分学校比较重视创业大赛，积极组织、培训学生，支持学生参赛。课程建设与创业平台建设相结合，多数学校建有科技创业孵化园、孵化器，为学生的项目成果提供产业化的线索，支持学生创业。在实践教学方面，大多数学校建有大学生创业实训中心、创业园、创业孵化基地等，让学生开展创业实践，强化创业认知，提高学

生创业实践能力，为学生创业成功打下坚实的基础①。

（二）课程实施效果

各高校的创业教育搞得轰轰烈烈，师生热情高涨，创业教育有了较大起色，也涌现了一批创业人才，取得了创业成功的结果。但由于师资力量不足，尤其是"双师双能型"教师的缺乏，创业教育实践经验不足，创业教育专业化程度低等原因，导致教师自身底气不足，对学生的教学和指导比较盲目，教材和其他教学设施不够完备，课程设置不够科学和系统，理论与实践结合不够紧密，有些创业教育课程流于形式，开设的课程实施效果不佳，有待积累实践经验，加强相关研究和课程建设，使课程设置科学化、系统化，达到较好的教学效果。

三、应用技术类型高校创业教育课程建设存在的问题与原因分析

应用技术类型高校开展创业教育，取得一定成效，在培养学生创业能力方面具有显著作用，但是，目前的创业教育课程建设也存在一些问题和不足，这些问题和不足，影响了创业教育的实际效果和人才培养质量。分析这些问题及其存在的原因，有助于构建完善的创业教育课程体系，促进创业教育良性发展。

（一）应用技术类型高校创业教育课程存在的主要问题

总体上来看，应用技术类型高校创业教育课程建设才刚刚起步，课程体系建设中还存在许多问题，归纳起来主要有以下几个方面：

1. 创业教育认识不足

创业教育课程是服务于创业教育的，是为了培养学生的创业知识和创业技能，使他们拥有健康的创业心理、积极的创业精神和创新意识，不少高校的创业教育未真正融入高校人才培养过程之中，开设创业课程似乎仅仅是为了迎合大的时代背景，认为创业教育课程主要是为了缓解就业压力，或者说是应对就业困难的临时之举，在设置创业教育课程时功利化倾向明显；在实践课程设置过程中，缺乏科学、系统化的标准体系，实践教学课程松散化，缺乏刚性和规

① 汪琦；张国宝. 应用型本科高校创业教育课程体系建设研究［J］. 安徽科技学院学报，2014(5).

范性，各校开展实践课程的形式不一、内容各异、效果差别大，没有形成统一的标准和体系，往往将创业实践作为灵活、自由、随意性的操作模式进行运行，有的流于形式，在培养学生创业能力方面的作用发挥不够。

2. 师资力量严重不足

创业教育课程具有综合性、学科交叉性、应用性等特点，需要教师具有较高的综合素质与能力，教师要具备较为丰富的行业背景和创业经验。对于应用技术类型高校而言，专业教育师资本缺乏，创业教育师资难以为继，"双师双能型"教师远远不能满足创业教育需要。教师队伍的专业化程度不高，兼职教师充当创业教育教师的现象比比皆是，就业指导教师成为创业教育教学的主力军。教师自身的创业实践经验和能力不足，现学现卖，教学生去创业，无论是理论知识还是实践经验都显得底气不足，教学中的盲目性是不言而喻的。师资力量的薄弱直接导致了创业教育课程体系建设不完善，课程建设质量不高，课程建设的关联度不够，课程体系缺乏系统性和合理性。

3. 创业课程内容和资源相对贫乏

创业教育要紧跟社会经济发展趋势，要做到与时俱进，富有开拓创新意识，把握时代气息，引领社会潮流。应用技术类型高校在开设创业教育课程方面，往往借鉴与参考其他学校的做法，将同类院校的先进做法移植到本校加以实施，这样导致了课程建设的针对性不强、效果不佳。在借鉴与参考其他院校做法的同时，不能够结合自身实际加以改进。其次是不能将本校的资源进行合理的整合和利用，在实践课程建设上缺乏实质内容支撑，平台的优化组合局限于肤浅层次上，没有结合创业教育特点加以深度开发与使用，资源的搭配、组合、改造不够，往往在专业教育实践教学基础上直接套用，效果大大折扣，导致学生对创业课程缺乏兴趣，甚至抵触创业课程，教学效果当然不够理想。

4. 专业教育与创业教育课程融合不够

创业教育课程建设与专业教育的结合度较低是目前创业教育课程建设中存在的一个实质性问题。在应用技术类型高校中，很多学校所有的学科专业都开设了同样的创业教育课程，而且大部分是属于通识类公共教育课程，创业教育课程与学科专业课程结合不够。如何将学科专业课程与创业教育课程相互有效融合，使学生既具体有广泛的创业基础知识和能力，又有较为扎实的专业知识和技能，这是高校创业教育改革的重点和难点。同时，盲目地开展创业教育，没有针对学生的实际情况进行分类分层次教育，也是目前创业教育课程建设的一大弊端。

5. 课程设置上理论与实践结合不够

理论与实践契合度不够一直是多数高校人才培养中的一大问题，在创业教育课程设置中也明显存在着这样的问题。一是理论课程设置较多，实践课程设置较少，这从课时量上就明显看得出来；二是在理论课程中，由于"双师双能型"教师严重缺乏，多数教师的实践经验不足，导致与实践结合的不紧密，课程实施显得空洞乏味，学生学习兴趣不高，实践技能得不到提高，难以达到预期的教学效果；三是实践性的课程开设深度不够，一方面是实践课程设置较少，课时量不足；另一方面，一些实践课程的设置没有很好地落到实处，可操作性不强，学生上实践课程只是走马观花，不能"真刀真枪"地去锻炼，实践学习的效果不好。

（二）应用技术类型高校创业教育课程存在问题的原因分析

目前创业教育课程建设中存在的各种问题，主要有以下几方面的原因。

1. 高校重视程度不够，没有对创业教育准确定位

我国从 1999 年开始，由团中央、教育部、中国科协、全国学联联合主办开展了每两年一届的大学生"挑战杯"创业计划竞赛[①]，这说明国家早就提倡开展创业教育。但多数高校只是把"挑战杯"作为一个竞赛而已，参与竞赛的主要目的是为了争取获奖，为了提升学校的知名度，创业教育只是在很小的范围内针对部分学生进行的。这么多年来，许多高校并没有真正形成创业教育的理念，没有把创业教育放在应有的重要位置去开展工作。换句话说，就是没有对创业教育进行准确定位，忽视了创业教育的重要性。所以，许多高校对创业教育的人、财、物的投入远远不够，从而导致师资力量不足，尤其是实践经验丰富的教师严重缺乏，创业教育课程体系不完善，影响了创业教育的发展。如今，我国高校的创业教育还处在一个低水平发展阶段。另外，由于我国现行的教育体制中的人才培养计划仍存在教学内容陈旧、教学方法手段落后、教学模式单一等状况，这样对人的全面发展产生了极大的约束性，使培养出来的人才思想比较保守、思维方式固化，缺乏开拓精神和创新能力，难以适应复杂多变的社会经济的外部大环境[②]。

2. 学生自身创业意识不强

中国文化受儒家思想的影响很深，在这种传统文化的熏陶下，人们普遍存

---

① 于水英，鲁孙林. 浅析大学生创业教育 [J].济南职业学院学报，2011（4）.
② 舒心. 高校大学生创业教育体系构建研究 [D].重庆交通大学硕士论文，2011.

在知足常乐、安于现状的心态，希望有一个稳定的职业和稳定的收入，不愿去冒风险创业[1]。不少学生认为只要有高学历、高文凭，就能有一份理想的工作，将来就会出人头地。我国的基础教育也从未涉及创业意识、创造财富、做成功的企业家等教育思想，绝大多数想创业的大学生由于缺乏管理经验、缺乏对社会的了解、缺乏资金、缺乏创业的心理素质等原因而不能去创业[2]。在有创业想法和创业意愿的大学生中，多数认为创业就是能立即带来商业经济效益的活动，这种功利性的价值观在一定程度上局限了他们的视野，限制了大学生树立自己的远大人生奋斗目标和创新创业意识，不能根据自身的实际状况和今后的职业发展来正确定位创业规划，这也是大学生创业教育中的一个突出问题。

3. 政府职能部门的主导和监督作用发挥不到位

政府职能部门对创业教育负有主导和监督的职责，虽然各级政府逐步出台了一些政策，但政策规定过于原则化，在实施层面还缺乏细化，不具体、不便于操作，无法落实到位，使得大学生创业在注册、税收等方面面临重重困难。在创业资金扶持方面，政府相应的创业信贷政策还不够完善，虽然有少量的小额贷款扶持，但真正要解决创业者急需的资金还远远不够[3]。政府职能部门除了出台相关的政策对创业教育进行指导外，还要发挥政府的行政作用、优势，协调有关部门为大学生创业教育提供资金、人才、实践平台等方面的支持与帮助。

4. 社会上对创业教育认识不足

从社会环境来看，创业文化还没有形成，平等意识和竞争意识较难树立[4]。长期以来，许多人持有这样一种观点：大学毕业就应该找一份稳定、体面的工作，而不是进行开店、办公司等创业活动。国家对于创业教育的宣传不到位，使得社会舆论导向和社会服务缺失，提倡创业、鼓励尝试、宽容失败、崇尚创业、扶持创业的社会舆论影响还不大。政府、学校、企业、家长和学生共同支持和参与创业教育和创业活动的氛围还不浓厚，创业意识淡薄、创业观念落后、创业意愿不强、创业精神缺乏，使得创业者对创业望而却步，在一定

---

① 舒心. 高校大学生创业教育体系构建研究 [D]. 重庆交通大学硕士论文，2011.
② 舒心. 高校大学生创业教育体系构建研究 [D]. 重庆交通大学硕士论文，2011.
③ 舒心. 高校大学生创业教育体系构建研究 [D]. 重庆交通大学硕士论文，2011.
④ 舒心. 高校大学生创业教育体系构建研究 [D]. 重庆交通大学硕士论文，2011.

程度上阻碍了创业教育课程的开展[①]。

四、应用技术教育背景下创业教育课程建设的原则

应用技术教育是一种新型的人才培养教育模式，它不仅是普遍意义上的本科教育，也兼具职业教育的属性。应用技术教育背景下的创业教育，应充分考虑这一特点，围绕应用技术型人才培养宗旨，积极开展创业教育。针对目前创业教育课程建设存在的问题，在创业教育课程建设过程中应遵循以下原则：

（一）系统性原则

创业教育是一种教育体系，其课程建设应具有系统性。系统性是指创业教育课程建设要遵循创业的特点与规律、兼顾学生特点，课程各要素有效整合，体现课程对人才培养的有效支撑，在人才培养过程中发挥关键作用。从课程内容上来看，有效整合包括不同课程之间的科学设置，内容的层次性、阶段性、渐进性，从基础知识到专项知识，从理论知识到实践技能，使学习者能够较为系统地掌握创业知识和技能；系统性的课程体系可以保证创业教育教学按照既定目标有序开展，实现教学目标，达到培养创新创业型人才的目的。系统性的课程体系有利于学生对知识的理解和掌握，有利于学生系统地接受知识、获得实践锻炼，从而逐步提高创业技能和综合素质。

（二）创业教育课程体系与专业教育课程体系相结合的原则

创业教育不是游离于专业教育之外的独立教育形式，它是融合于专业教育之中的嵌入式教育形式，是服务于专业教育人才培养的。因此，在课程建设上，创业教育课程不应该与专业教育课程相分离，而应该紧密结合，互相影响与促进，共同服务于人才培养的整体目标。创业教育课程固然具有自身的相对独立性，有自身特点与规律，但是，也具有相对性，要融入专业教育课程体系，使之成为专业教育的必要补充和有益形式，在应用技术型人才培养上，体现二者相得益彰的关系。要将创业人才的培养纳入本科人才培养计划之中，创业课程的设置要与其他课程科学衔接，形成体系，将二者有机地融合到一起，在应用技术型人才培养过程中充分发挥各自作用，形成合力，培养合格人才。

---

① 舒心. 高校大学生创业教育体系构建研究［D］.重庆交通大学硕士论文，2011.

（三）发展性原则

创业是社会性实践活动，具有开放性、市场化特征，创业教育要适应社会的变化，与时俱进，开拓创新，以发展的眼光谋划课程建设，要遵循发展性原则，着眼于未来社会需求与人才成长规律构建创业教育的课程体系。具体而言，创业教育课程内容和资源要根据学科发展趋势和时代发展的要求不断更新和变化[①]，适应新情况、新任务、新要求。高校要结合自身实际和社会需求，制定创业教育课程的质量标准，完善创业教育的基本依据。要创造性地开展教育教学，更新、完善创业教育的内容和教学方法，提高课程教学质量。应结合学科专业特点，制定统一的创业教育教学大纲，使课程建设规范化，从而不断更新和完善课程内容体系，提高课程建设质量[②]，推进教育教学改革，优化人才培养模式，创造性地开展创业教育。

（四）层次化原则

与专业教育相比，创业教育的受众群体更具有广泛性，教育对象千差万别，层次不一，因此，创业教育的课程建设要遵循层次化原则。针对不同受众的实际情况，开设不同的课程，比如，大一大二可以开设一些基本性的课程，随着年级的递进，开设的课程应呈现层次化特点。同时，要照顾到群体中的个体，针对不同的学生，确定不同的培养目标，形成完善的校本化课程体系。针对不同专业及学生的兴趣特长、性格特点等开设不同的课程，根据学生的实际情况和兴趣，对学生进行分类教育，开展有针对性的教育、培训，这样，创业教育的实际效果要更好一些。总体上来讲，要贯彻因材施教的原则，因时制宜地进行课程建设，促进创业教育取得较好成效。

五、应用技术教育背景下创业教育课程建设的基本策略

在以上创业教育课程建设原则的指导下，应用技术类型高校开展创业教育，应注重实际效果，切实将创业教育融入应用技术型人才培养的全过程之中，不断探索新的机制、模式与路径，提高应用技术型人才培养质量，提高创

---

① 汪琦；张国宝. 应用型本科高校创业教育课程体系建设研究［J］.安徽科技学院学报，2014（5）.

② 汪琦；张国宝. 应用型本科高校创业教育课程体系建设研究［J］.安徽科技学院学报，2014（5）.

业教育的实效性。

（一）高校、企业和政府合作，共同进行创业课程建设

高校、政府和企业应该充分发挥各自优势和作用，共同推进创业教育课程建设。政府相关部门发挥主导、协调作用，高校充分发挥主体作用，利用好企业的实践资源和条件，聘请企业成功的管理和技术人员从事创业教育，充分整合校内外各类资源，广泛开展创业理论教育、创业竞赛活动、体验式创业实训以及各种创业实践活动，培养大学生的创业意识、创业思维、创业素质、创业能力和创业精神。政府、学校、企业、学生、家长以及社会各界共同参与，服务于学校的创业人才培养。通过系统学习企业的经营管理知识、参加实训实践活动、教师跟踪服务指导，使学生的创业项目得以孵化，并具有良好的成长空间。学校、企业和政府提供经费支持，为学生创业保驾护航。

（二）加强教育教学研究与改革，提高课程建设整体水平

教育不是一成不变的，也不是一劳永逸的，创业教育具有灵活性、开放性、发展性，开展创业教育，需要加强教学研究，不断改革教育教学。课程建设是核心，创业教育改革要始终围绕而不能偏离课程建设这条主线，围绕课程建设加强研究。一是学校要制定创业教育课程的标准体系。在充分了解与整合社会需求的基础上，根据办学理念与办学定位，学校要制定创业教育课程建设的统一标准，对课程建设的质量加以保证，为各学科专业开展创业教育课程建设指明方向。二是各学科专业应加强对创业教育课程建设的研究，结合自身特点完善课程体系，组织师资力量开展创业教育教学，适时加以改革，提高人才培养质量。三是提高教师队伍整体素质，创业教育课程建设靠教师，课程实施也靠教师，教师队伍整体水平如何，决定了课程建设的水准。要加强创业教育师资的专业化建设，提高课程开发、建设、实施的专业化水平，提高人才培养质量。

（三）建设模块化课程，提高创业能力

创业教育融入应用技术型人才培养、融入专业教育，必然涉及课程的独立性与相对性的关系平衡问题，处理这一问题的有效办法是建设模块化课程，在专业教育的适当环节契入创业教育，使二者有序衔接、互相融合，增强人才培养的整体质量与水平。建设模块化课程体系，需要兼顾以下几个方面的关系：一是通识课程与创业课程的关系。通识课程属于基础课程，创业教育也有基础

课程，要合理筛选和精心设计创业教育中隐含的基础成分，将其融入通识课程建设之中，形成有机整体；二是专业课程与创业课程的关系。开展创业教育，不能偏离专业教育的教学计划，不能将二者割裂，应该互相融入，在课程建设上，通过内容整合、模块设计、时间安排，形成前后有序、协调一致、整体高校的模块化课程体系；三是理论课程与实践课程的关系。要根据学科专业情况，结合创业教育特点，在理论课程建设与实践课程建设上加以平衡，根据培养目标设计合理比例，形成模块化的课程衔接体系，理论与实践互相促进，提高创业教育质量。

（四）优化课程结构体系，培养有竞争力的创业人才

课程本身很关键，但是，课程的结构体系更为重要，不同的课程组合与不同的人才培养目标相对应。就创业教育而言，要培养有竞争力的创业人才，构建科学合理的课程结构体系是关键环节。为此，一要更新课程设置，适应社会需求。要根据社会需求状况，结合学科专业特点，合理设置课程。通过必修、选修、辅修等形式，供学生选择使用，将创业教育课程纳入专业教育课程计划，促进创业课程与专业课程的融合，形成合理结构。二是强化实践课程教学，增强学生创业实力。通过系统规划、科学组织、精心安排，鼓励学生参加各种创业活动和实践。首先，学校内部要充分利用学校现有条件，积极建设创业实践条件，鼓励广大教师发挥自身的聪明才智，开拓创新，为学生创业实践想办法、闯路子、找点子、设项目，增强学生参与创业实践的机会；其次，学校要充分调动地方企事业单位的积极性，大力开展与企事业单位的合作，建立创业教育实践基地，为学生提供实践机会和场所，建设好创业教育实践平台，强化学生实际动手能力和实践技能的培养，实现知识向技能的转化；参与进行创业实践锻炼，做到产学研结合，使学校、学生和企事业单位实现共赢。三要分层分类开设创业教育课程，有针对性地开展创业教育。根据学生的知识水平、兴趣爱好、专业方向等开设不同的学科和创业实践项目，针对不同水平和层次的学生，在不同年级、不同阶段开设不同的课程，这样才能充分发挥学生的积极性、主动性和创造性。

第二节　完善应用技术型人才创业教育的课程体系

创新课程体系，提高课程执行力，是目前应用技术类型高校创业教育改革的基本方向和内在要求。针对应用技术类型高校创业教育实际，结合应用技术型人才培养的特点、规律与要求，科学进行创业教育课程体系建设，在应用技术类型高校改革发展中具有重要的战略意义和现实意义。

一、明确创业教育课程的内涵、指向与模式

构建创业教育的课程体系，首先需要明确创业教育的基本内涵，注意区分几对相似的概念，以便于在课程建设上做到更加明确、具体、切实可行。要明确价值取向，弄清创业教育课程建设的指向，以此为依据加强课程建设。也要借鉴成功的实践模式，结合应用技术型人才培养模式加以改造和创新，形成与应用技术型人才培养相一致的课程建设新体系。

（一）明确创业教育课程的内涵

分清与创业教育相关的几对概念，可以帮助明确创业教育课程的内涵。

1. 创业教育属于就业教育，但又高于就业教育

创业教育和就业教育是相互联系又相互区别的一对概念，创业教育是为了培养创业能力，为了学生自主创业，为了增加社会财富，促进社会发展，从这个意义上来讲，创业教育是就业教育的范畴。但是，创业教育与就业教育在教育质量观、人才培养模式、教育目标上有所差异，创业教育是注重创业或创造新就业岗位的价值取向，就业教育是注重填补现有就业岗位的价值取向；但是，二者均是高等教育探索满足社会发展需要的不同产物，创业教育包含在广义的就业教育之中，创业本身就是一种就业方式与途径。广义的就业教育包括从业与创业两种类型，以创业的形式获得相应的职业岗位就是就业的一种方式。因此，高校应从广泛就业教育的角度出发，将创业教育纳入学校整体就业活动之中，拓宽创业教育的发展空间，增强创业教育的普及性。

2. 创业教育融入专业教育，但又自成体系

创业教育与专业教育相辅相成、共同作用于应用技术型人才培养，是人才

培养的必要形式和载体，创业教育应该融入专业教育的全过程中去，二者应相互促进、协调一致，围绕人才培养目标，从不同的角度促进学生的发展。但是，创业教育具有自身特点与规律，这也是为教者不可忽视的。具体而言，专业教育是与普通教育相对应的，是对受教育者开展专业技术教育，并提高其专业劳动技能的教育活动。一方面，专业教育是创业教育的前提与基础，它为创业活动的顺利开展提供了专业知识储备和专业应用技能。任何创业教育都以一定的专业背景为依托，融合基础知识和专业知识进行创业构思、创业实践，促进专业教育与创业教育相辅相成。另一方面，仍处于探索和发展阶段的创业教育，以专业教育为依托，借助专业教育的具体教育类型尤其是高校的特色专业作为载体，促进创业教育有目的、有针对性、更高效地开展。同时，大力倡导创新教育与专业教育同等重要的教育观念，赋予了创业教育独立的地位。

3. 创业教育需要创新教育，但重在应用

习惯上，人们将创新创业相提并论，称"双创教育"，可见二者的紧密联系与互为因果的关系。事实上，创业需要创新，将创新性成果开发成项目，本身就是创业。同时，创新需要创业，创新性成果需要转化，服务社会。因此，创新创业互为因果、互相影响，但同时又有所区别。创新重在理论，创业重在应用。具体来讲，创新教育具有注重培养大学生创新精神和创新能力的价值取向。一方面，它与创业教育在内容结构上相互融合。创新是创业的前提、基础，没有创新教育，大学生较难树立创业新思维。创业是创新的具体表现，学生的创新能力可通过创业活动实践来进行检验，创业活动是评估创新教育实施效果的试金石。另一方面，创业教育和创新教育又有所不同，创业教育是一种复杂、综合的教育类型，成功的创业离不开知识、技能、素质等多方面的要素，大学生仅仅具备创新精神远远不够，具备创新精神是创业教育的必要条件，同时，还需要创业者实际的创业活动，这样才不会让创业成为空中楼阁，也才能真正体现创新精神使创业活动顺利开展。

（二）明确创业教育课程的指向

由上述分析可见，不同于一般的通识教育，应用技术教育背景下的创业教育吸收了应用技术型人才的特点，强调以知识为基础、以能力为重点，注重学生专业核心能力与综合素质的培养。在专业方向、教学内容、教学方法、课程设置等方面都应以知识的运用为重点，培养高层次应用技术型人才。这就要求创业教育培养出既具备扎实理论基础，又有较强解决实际问题的能力与综合创新能力，具有较高专业技能的人才。

从课程建设的角度上来讲，创业教育的最终目的是培养具有创业意识和创业能力的高级人才，应用技术型人才培养应将创业教育作为人才培养的重要任务来抓，科学合理设计创业教育的内容与模式，使得大学生从一进入大学就能够有计划地学习创业理论知识、进行创业实践操作，做到方向清楚、目标明晰，使学生获得足够的创业知识和创业技能，拥有健康的创业心理、积极的创业精神和创新意识，能够把握创业机会，能够成为适应国民经济与社会发展的高素质应用技术型人才，在大学毕业之后甚至毕业之前实现创业，既满足个人发展的需求，又促进社会经济创新发展。为此，需要明确创业教育课程的目标指向，以此作为创业教育课程设置的目标、宗旨。要营造积极向上的创业文化和创业氛围，高校要不断开展高等教育机构和企事业单位之间的合作，为学生和其他就业人员提供多样化的持续专业教育；参与创业教育的教师要不断学习和实践，提升创新意识，发展自身的创业教育教学能力；同时，相关企事业单位在参与创业教育课程实施的过程中也会对创业有新的认识。因此，在创业教育的过程中，通过创业教育课程的实施、积极的宣传和引导，可以在校内外营造良好的创业文化和创业氛围。

总之，创业教育课程的目标指向应以能力而非以知识为核心，课程体系应该突出实践环节，加强实习实训，应采用问题导向、案例分析、项目驱动等适合应用技术型人才培养目标的多样化教学法，要适应行业发展，以提高学生创业知识和技能为重点，培养创业素质为目标，服务与服从于高素质应用技术型人才培养目标体系。

（三）明确创业教育课程的模式

创业教育的类型和模式很多，可谓错综复杂、形式不一而论。仅从国内而言，本研究认为，浙江大学创业教育课程体系比较具有代表性，可以作为应用技术类型高校开展创业教育、加强创业教育课程建设的参考。

浙江大学本科层次设置创业管理主修专业、创业管理第二专业、创新与创业管理辅修专业；硕士层面创业管理 MBA、科学硕士；博士层面创业管理博士由管理学院牵头开设与建设（其中创新与创业管理辅修专业是管理学院与竺可桢学院共建），所有的学位课程由管理学院负责，其他课程包括团委牵头的 KAB 课程及由学生工作部牵头的不计学生数量的独立创业讲堂等课程。

在课程设置上，浙江大学主要分为创业知识类、创业能力类和创业实务操作类三类。

本科层次创业管理课程，在主修专业的同时，针对工科学生开设创业管理的双学位或辅修学位课程，每年大约招收 150 人。旨在强调学科的交叉与融合，要求学生学习管理学、经济学的基本知识，了解全球创新创业发展状况，培养分析解决企业管理问题、从事创新创业管理的基本能力。双学位班的基础课程和必修课程实行单独开课，授课时间为晚上和双休日，双学位班修读学分为 59 分，辅修班修读学分为 29 分。

1999 年在竺可桢学院开设创新创业管理强化班，从全校几千名理、工、农、医各个专业中经过自愿报名、初选、面试，甄选出 60 人（2010 年改为 40 名）。强化班设置课程 11 门，29.2 学分，历时两年完成。强化班利用学科门类多、综合性优势突出的特点，通过跨学科的课程学习，进一步拓展学科思维，开拓研究视野，提高综合素质。

博士层面开设企业家精神与创业领导力、高新技术创业与智力资本等若干方向，开设了创业战略研究、技术创业与创业研究、创业战略研究等多门课程。

另外，河南科技大学构建培养大学生创业者素质的课程体系，根据创业型人才培养的实施方式，该校提出了普及性和专业性创业教育的课程体系：1. 普及性创业教育的课程体系。本科阶段，以培养创业实用性人才为主。研究生阶段，以培养高科技创业型人才为主。2. 专业性创业教育的课程体系。本科阶段，以培养创业专业性人才为主，或开办创业学专业教育，开办创业学的辅修专业。研究生阶段，以培养创业研究型人才为主。

二、应用技术教育背景下创业教育课程的内容体系

从教学效果上来讲，构建创业教育的课程体系，需要重点考虑两方面的影响因素：一是打造相对真实的创业环境，紧密联系生产实践，理论联系实际，让学生根据个人需要在真实的商业环境中学习创业，这是创业教育成功的关键。二是适应学生的兴趣爱好，帮助学生在学习课程的过程中发展他们的创业规划，只有真正对科目或者项目感兴趣的学生才能深入学习，切身体会，精确领悟，得到最大的收获。目前，创业教育内容体系有很多不同的划分方法，课程与课程之间存在交叉与联系。本书根据培养目标，将创业教育的课程内容划分为创业知识类、创业意识与心理类、创业技能类和创业实践类。

（一）创业知识类课程

创业知识是创业者必须要掌握的知识准备与创业的理论工具，是创业者未

来发展的基础。该类课程可以拓宽学生的知识面，加强学生的文化底蕴，使学生具有扎实的基础知识，提升学生的整体素质。各专业应该根据自己的专业性质，结合教材内容和专业特点，在教学中渗透创业教育的内容。

开设创业基础知识类的课程可以使学生初步了解和掌握创业知识的基本内容，主要学习创业学、创业社会学、创业管理学，等等。通过对创业基础理论知识的学习，使学生了解创业的概况，了解创业的基本内容，知道创业者所应具备的知识技能和其他的基本素质，了解创业管理与创业环境知识，理解创业对个人发展和整个社会发展的重要性，形成对创业者的理性认知。

创业知识类课程主要是使学生认识创业的特点与规律，认识创业的相关社会学、管理学知识，了解创业计划的基本结构、编写过程和所需信息等，使学生对企业本质、建立企业的流程、新企业风险管理等有所了解，进而掌握创办企业所应具备的能力。

从创业知识范围的角度来看，可以按照四大模块进行融合式创业教育课程设计，这类课程设计以创业创新的理念为指导，以市场为导向，融创业与专业课程而展开，将创业与创新的理念渗透在课程的全过程中，并统领课程的发展进程。把创业教育的专业课程分为基础知识模块、前沿知识模块、市场需求与适应性模块、实务操作模块四个部分进行讲授。

（二）创业意识与心理类课程

创业意识和心理品质是创业者在创业过程中所具备的特质，创业的成功与否在很大程度上取决于创业者的意识和心理品质，因此，创业教育要培养创业者的创业意识，加强对创业者创业品质的训练。

创业意识与心理类课程主要包括创业心理学、创业哲学、创业精神学、企业家精神等，目的在于使大学生从思想上和心理上为创业做准备。这些课程注重对创业需求、动机、兴趣、理想、自信、自立、自强的培养，使学生具有创业的内在倾向性和主观能动性，产生创业的欲望与需求，从而促进学生自主创业，使学生能够根据专业所长和自身兴趣爱好，明确自身职业选择意向，有较充分的走上社会主动择业的思想准备。同时，创业教育课程要求学生养成创新创业意识，具备创业需要的素质，具有良好的品德、社会责任感。

（三）创业技能类课程

创业技能课程可以使学生了解与掌握创业的基本技能，包括创业项目的申报、创业计划书的编制、创业管理的程序，等等，这类课程往往具有专业性，设计创业的具体实务和流程。这类课程的建设，需要结合专业进行，需要根据专业知识，将创业技能与专业技能结合起来，形成比较系统合理的技能体系，这类课程需要通过实践的形式开展，不需要较多理论的阐述，以学生实际操作为主，以达到学生会应用为原则和目的。

（四）创业实践类课程

创业实践类课程是指为了培养学生创业综合素质而开设的课程，目的在于提高学生的创业能动性和创业自主性，在实际体验中感受创业的激情，形成创业的意识，完善创业的计划，形成创业的思路，促进学生积极开展创业。这类课程主要包括创业大赛、创业项目、成果转化、创业团队等各类创业实践活动，让学生通过参与多方面创业训练，达到增强学生的创业能力的目的。其中，创业项目是创业实践类课程的主要环节，创业项目根据创业实践需要，学生到创业实践基地进行实战训练，让学生们直接与公司接触，将一些公司的产品设计或创意交给学生来完成，一些项目可以交给学生创业团队来实施，让他们参与实际工作；同时，指派创业教育指导老师根据不同学生实际情况，制定创业计划，避免学生创业的盲目性，并根据创业计划实施的全过程进行评估和考核，纳入学分考核体系中。学生通过实际操作，收集资料，观察、整理、分析、设计计划书和实施方案等。

三、应用技术教育背景下创业教育课程实施的保障

创业教育课程的顺利实施需要一套完整的保障体系。主要包括以下几个方面：

（一）加强政策支持和制度保障

为了使创业教育课程能够长期、稳定、有效地实施，收到创业教育应有的效果，政府、高校需要制订相应的政策、制度，从政策上对创业教育予以强有力的支持，用制度来督促和激励政府有关部门、高校和企业加大人、财、物的投入，建立和完善创业教育课程体系，培养一支稳定、强有力的创业师资队伍，加快出版一批高质量的创业教育教材，建设先进的创业教育实践平台，完善创业教育考核机制；通过政府投入、高校筹集、企业赞助等多种渠道设立学生创业教育和培训专项资金，用于大学生创业课程建设和表彰奖励。

（二）建立和完善创业教育课程体系

目前我国创业教育的课程体系还很不健全，如果要想开展创业教育就必须构建科学合理的课程体系，加大创业教育课程建设的投入，组织专家进行研究。创业教育课程体系的设置应遵循能够培养学生的综合创业能力的原则，根据创业教育培养创业人才的目的，制订科学、合理的课程计划。教材及内容的选择必须符合市场经济的需求，有利于激发学生创业的激情、提升创业主动性和创造性思维能力。加快创业人才培养模式研究，科学制定人才培养计划，改革创业教学方法，使创业教育与学科专业教育紧密结合，提高创业教育的质量，让创业教育真正融入到高等教育之中去，真正为社会经济发展提供优质人才。

（三）加强师资队伍建设

师资队伍建设是创业教育得以顺利开展的重要环节，师资队伍的专业化程度如何，决定着创业教育的质量与水平高低。为提高创业教育师资水平，学校应成立专门的大学生创业教育研究中心和创业教研室，通过经常安排创业教师参加各种学术研讨和师资培训，到企事业单位进行实践锻炼等，不断提高创业教育师资整体水平。实行创业师资的统一管理，实现教师资源共享。应成立区域性创业教育指导中心，为创业教育课程的顺利开设提供组织保障。教师需要不断地学习、总结、反思、提高，深入了解当前社会经济的发展形势和社会需要的人才类型，做到与时俱进。

（四）建立实践教学平台，增强学生创业实力

学校内部要充分利用学校现有条件，积极建设创业实践条件，鼓励广大教师发挥自身的聪明才智，开拓创新，为学生创业实践想办法、闯路子、找点子、设项目，拓展学生参与创业实践的机会。学校要充分调动地方企事业单位的积极性，大力开展与企事业单位的合作，建立创业教育实践基地，为学生提供实践机会和场所，强化对学生实际动手能力和实践技能的培养，实现知识向技能的转化，进行创业实践锻炼，做到产学研结合，使学校、学生和企事业单位相互促进与提高，实现共赢。大力举办各类科技创新、创意设计、创业计划等专题竞赛，支持高校学生成立创业协会、创业俱乐部等组织，举办创业讲座论坛，开展创新创业实践。

（五）建立科学合理的激励机制

为了充分调动教育有关部门、高校、企业、教师、学生积极参与创业教育活动，要建立公平、公正、合理的奖励制度，调动各部门开展创业活动的积极性，促进创业教育的深入开展[①]。

首先，通过建立一套考核机制，设立奖惩制度，对有关部门、高校、企业参与大学生创业教育的落实情况进行考核，其目的在于真正落实国家的创业教育政策，积极投入充足的资金、人力、物力参与制度建设、教学改革、师资队伍建设、实践教学平台建设等，共同为实现创业教育目标而努力。

其次，学校要对教师的教学、科研和创业辅导工作予以支持，经费上给予保证，以科研促教学，以创新促创业[②]；同时，将教师参与创业教育的课时、科研成果、创业实践项目、比赛项目等与教师的绩效工资、职称评定、种类奖励等挂钩，以鼓励广大教师积极参与创业教育教学与实验，发挥教师在创业教育中的主导作用，推进创业教育快速健康发展。

第三，进行创业教育学分制改革。将创业教育的各类课程赋予一定的学分，规定学生在大学期间的创业必修课、选修课的课时数，达不到规定学分不能毕业、评优等；将参与创业大赛、创业科研、创业实践项目的情况与奖学金、优秀毕业生等评比挂钩；也可以设立单独的创业基金项目，对创业的先进学生予以奖励，以充分调动学生参与创业学习与实践的积极性，突出学生的主体作用。

（六）营造浓郁的创业教育文化氛围

高校实施创业教育，必须重视创业文化的培育。创业文化是一种思想意识，只有思想意识得到了提高，才能促使大学生价值观念转变[③]。要不断加大资金投入，完善教育教学软硬件设施的配置，改善创业教育工作环境。在校内外营造一种鼓励和支持大学生创业的宽松、自主、开放、进取的创业氛围。如果自主创业的精神和行为能经常受到社会各界的鼓励和支持，创业人才就会大量涌现，创业的成功率就会更高。从教育教学的角度上来讲，要让师生转变观念，将创业教育教学方法转变到以学生为中心的启发式、讨论式、研究式的教

---

① 李晓东，刘丽娟. 对在高校全面实施创业教育的思考 [J]. 通化师范学院学报，2008（6）.
② 朱兴国. 大学生创业教育模式探索 [D]. 东北师范大学硕士论文，2005.
③ 朱兴国. 大学生创业教育模式探索 [D]. 东北师范大学硕士论文，2005.

学方法上来，以培养创业人才为主要目标，营造平等和谐的师生互动的教学氛围，调动学生学习的积极性，营造有利于创业教育的舆论氛围。要在大学生中开展丰富多彩的创业活动，使广大师生都参与到创业教育活动中来。同时，创业教育的顺利开展离不开良好的外部环境的支持和配合。政府、企业应担负起自己的社会责任，加强对创业教育社会环境的建设，积极创造条件，千方百计鼓励和扶持大学生自主创业，进一步完善创业的扶持政策和措施。

　　总之，创业教育课程体系建设在创业教育中具有举足轻重的作用，要转变思想观念，加强教学管理与考核制度建设，加大课程建设投入，加强创业教育研究，尽快组织编写高质量的创业教育教材，大力培养创业教育师资，组织协调政府、高校和企业，共同建设好创业教育实践教学平台，使大学生通过理论学习与实践锻炼，获得足够的创业知识和创业技能，拥有健康的创业心理、积极的创业精神和创新意识，在大学毕业之后实现就业或创业，既满足个人发展的需求，又促进社会经济创新发展。

第八章　优化师资队伍是创业教育融入应用技术型人才培养的关键环节

　　应用技术型人才培养创业教育具有自身特点、规律，创业教育融入应用技术型人才培养全过程，显然对师资队伍提出明确的要求，认真分析这些特点、规律、要求，以此为参照，构建在数量、质量、结构上与之相吻合的师资队伍，是落实应用技术型人才培养创业教育的关键①。本章主要立足于应用技术型人才培养和创业教育实际，探索将创业教育融入应用技术型人才培养的师资队伍建设问题。

第一节　应用技术型人才创业教育的特点与规律

　　以应用技术型人才为对象而实施的创业教育，与其他类型创业教育相比，具有自身的特点、规律与要求，明确这些特点、规律与要求，才能有针对性地提出师资队伍建设的思路与对策。

一、创业教育的特点与规律

　　创业教育的内涵在以上的篇幅中已分别有所论述，这里进一步分析创业教育的特点、规律，以便于我们更加深入把握创业教育的本质，为师资队伍建设提供理论参考。创业教育是教育的一种形式，但是，创业教育又是一种特殊的教育形式。当我们在审视创业教育的特点与规律的时候，需要立足于更宽泛、更广阔的视野和更全面的视角。从宏观方面层面上讲，创业教育是一种新型教

---

① http://wenku.baidu.com.

育体系，它与一般的普通教育有着显著的差异，与当下盛行的职业教育也有较大的区别。

（一）独特的教育目标

创业教育与普通教育、职业教育一样都是我国教育体系的一部分，虽然创业教育的发展较晚，但是仍然承担着为社会经济发展培养人才的任务。普通教育体系是国民教育体系的基本组成部分，致力于学生的德智体美劳全面发展，具有全面育人的教育目标，义务教育、高中教育、大学教育，都属于普通教育体系的组成部分。职业教育是以普通教育为基础，着重对受教育者进行职业素养和技能培养的教育形式，它以就业为目的，以培养就业能力为目标，是从普通教育中分化出来的一个重要分支；创业教育则是在普通教育和职业教育的基础上，以培养创业精神、创业意识、创业知识、创业能力为基本指向的教育形式，目的是使学生具备创业的品质、具备创业的本领、实现成功创业。在当今大学生就业压力大、就业难的情况下，国家积极推进创业教育，具有重要的战略意义和社会意义，在当今信息化时代，创业教育对于实现学生自主创业、职业终身发展、人生价值均具有重要影响，可以称之为"第三本教育护照。"

（二）独立的教育体系

创业教育不是独立进行的一种教育形式，它与普通教育、职业教育有着必然的关联，但创业教育同时也是一种独立的教育体系，有着自身完整的教育目标、任务、课程内容、教学方式，等等，这些都是其他教育体系所无法代替的。虽然我国的创业教育起步较晚，但是经过一段时间的努力之后，也已逐渐形成具有中国教育特色的创业教育思想、理论以及观念，创业教育的特质也渐趋明晰化。即使是在普通教育、职业教育的过程中，也蕴含着创业教育的有关思想和内容，但是，这种不自觉的包含无法与体系化、专门化的创业教育相提并论，更无法将创业教育整体地包容进去，抹杀其独立性特征。

（三）渗透的教育内容

创业教育有着鲜明的独立性特征，在这种独立性之上，创业教育与普通教育、职业教育又存在着相互渗透的关系。创业教育的对象必须具备一定的知识和技能基础，也就是说，创业教育必须在普通教育或者职业教育的基础上进行。但是创业教育对于普通教育和职业教育的要求并不等于创业教育的受教育者必须在完成普通教育或者职业教育以后才能接受创业教育。创业教育可以借助普通教育和职业教育的形式，将自身的内容和思想渗透其中，与普通教育和职业教育并行展开。同时，创业者需要具备与创业相关、综合性很强的知识与能力，这些知识和能力在普通教育、职业教育、创业教育中共同形成，而不是靠哪一种教育形式所能独立完成和实现的。

二、应用技术型人才创业教育的特点及规律

应用型人才就是将习得的知识和技术应用于实践的人才类型。显然，应用技术型人才培养和创业教育相融合，也会体现出自身鲜明特点和规律，探讨这些特点和规律，对于进一步探索应用技术型人才创业教育的机制与路径，特别是师资队伍建设的对策措施，具有前置性意义。

（一）应用技术型人才的特点及培养途径

应用技术型人才是一种新的人才划分类型，是在应用型人才大类的基础上的细分，具有自身特点，在培养途径上也有别于其他类型人才的培养途径。

1. 应用技术型人才的特点

（1）应用性

相对于研究型人才而言，应用技术型人才的功能体现在将理论知识转化为生产应用，是理论走向实践的联系人和实践者。一方面，应用技术型人才有着突出的应用性特征，是在生产、经营、管理一线从事实际工作的一类人才；另一方面，应用技术型人才所"应用"的是技术（一般意义上），是技术的开发者、应用者、管理者。需要指出的是，虽然在类型上有研究型人才和应用技术型人才之分，但是这两种人才类型不应该存在社会层次上的差异。研究型人才注重知识的理论性，应用技术型人才则强调知识的应用性；研究型人才的培养突出理论研究，应用技术型人才的培养强调技术应用；研究型人才有着宽厚的理论基础，可以适应多种相关性研究工作，应用技术型人才以技术为先，具有专精实用的典型特色。

（2）专门性

随着时代的进步和教育的发展，人才种类的划分不断细化，应用型人才的概念也在不断丰富，从当前的生产需要来看，应用型人才可以细分为技能型、

技术型以及工程型[①]。技能型人才强调的是实践操作，一般是指一线的技术工人，承担的是具体的生产操作任务；技术型人才强调的是产品开发和经营决策，也就是将一个产品的设计方案转化为实际产品；工程型人才则是依靠理论知识和专门技能，将科学原理运用到具体设计，形成可操作的方案或者是图纸。应用技术型人才兼具以上人才类型的特质，这类人才不仅有相当的专业技术要求，还要有一定的专业理论基础，是经济社会发展迫切需要的一类专门性人才。

（3）适用性

经济社会发展对人才需求越来越倾向于复合型、综合化，应用技术型人才是能够较好适应经济社会发展这种需求的产物。首先，应用技术型人才要具备较高的知识水平。一方面，是对知识广度的强调。应用技术型人才既需要广泛的人文社科类知识，如人际交往、心理健康、职业发展等，也需要掌握一般的自然科学基础知识，还需要拓展跨学科的复合型知识；另一方面，是对知识深度的强调。应用技术型人才是具有创新创造潜能的开创性人才，在专业知识与技能上应有较深厚的功底，具有专门性的知识和能力，并具备实现知识迁移的能力，以便应对和适应不同岗位的工作需要。

2. 应用技术型人才的培养途径

应用技术型人才具有与其他类型人才不同的特点，自然也需要具有自身特点和要求的人才培养途径。

（1）理论教学突出知识应用

应用技术型人才培养的理论教学不同于其他类型人才培养的最大特点，就是在理论教学方面突出应用，具体来讲，就是不要求学生掌握原理、公式、结论的推导过程，而是要掌握原理、公式、结论的适用环境、条件、方法，熟练掌握利用专业知识解决实际问题的方法、措施。在这样的理论教学体系构建过程中，要紧紧围绕应用技术型人才培养的目标，合理设置公共基础课、专业必修课、专业选修课以及其他选修课程的比例关系，围绕"应用技术"这一核心构建课程体系。同时，要根据经济社会发展的需要，不断充实、更新现有的理论教学体系，合理裁除陈旧、不合时宜的课程，努力让学生掌握本专业最前沿的知识、技能，使学生具备从技术使用者到技术创新者转变的知识条件。

（2）实践教学强调技术应用

---

① 钱国英，王刚，徐丽清. 本科应用型人才的特点及其培养体系［J］.中国大学教育，2005（9）.

实践教学体系在应用技术型人才培养中具有重要地位，是提升学生专业技能的关键环节。应用技术型人才培养实践教学体系的构建要立足于技术应用、技能掌握，将技术综合运用作为着力点。增加设计性、综合性实验内容的比重，减少验证性实验的比重，重点培养学生创新意识与能力，提高分析问题和解决问题的实际能力。在实践教学的方式上，注重因果式引导、成果型训练，有利于刺激学生的成就感，从而激发学生的专业学习兴趣与钻研的好奇心，这对自主学习习惯与研究氛围的养成有积极的作用。通过全方位、立体化的实践教学体系，培养适应经济社会发展需求的技术应用型人才[①]。

（3）平台建设彰显职业能力

在应用技术型人才培养过程中，由于对专业技术和职业能力有较高要求，因而需要整合教育资源，加强平台建设，以培养学生的综合素质和职业能力，将职业能力培养作为着力点。一是要加大实验室建设力度，满足学生创新性实验的需要，加强实验教师队伍建设；二是要加强校内外实习实训基地建设力度，加强对学生的教育与指导，确保平台高效运行，满足学生职业素养、职业能力培养与养成的需要；三是要加强产教融合力度，引领学生走向产业一线，了解产业状况，提升对产业运行的认识，明确自身需要在职业能力方面的需求和加强职业能力养成的办法措施，并在真实的产业环境中锻炼自身的职业能力。

（二）应用技术型人才创业教育的特点

以应用技术型人才为对象的创业教育，与单纯的创业活动以及其他一般形式的教育活动具有显著的差异，它是融应用技术型人才培养、创业教育为一体的教育形式，具有以下特点。

1. 社会实践性

应用技术型人才是实践性很强的一类人才，其培养过程同样具有较强的实践性，创业教育在某种程度上也是因实践需要而产生、在实践过程中开展教学。同时，应用技术型人才的培养与一般理论研究型人才的培养相比，前者对于社会支持有着显著的依赖。而创业活动又是一项与社会生活紧密相关、以向社会提供有偿服务为基本性质的公共性活动，这又凸显其社会性特点。因此，如果一种创业教育是以应用技术型人才为教育对象，那么在其教育过程中，不

---

① 钱国英，王刚，徐立清. 本科应用型人才的特点及其培养体系的构建 [J]. 中国大学教学，2005（9）.

可避免地要根据应用技术型人才的培养需要和特点走向社会。这就意味着，与一般的创业教育而言，应用技术型人才的创业教育具有较强的社会实践特征。

2. 整合系统性

创业需要环境的培育，创业教育需要打造良好的生态系统，应用技术型人才创业教育的整合系统性表现在：一是目标的系统性。应用技术型人才创业教育具有整合性的目标，包括创业基本素质、创业心理品质、专业能力和创业社会知识。二是课程的系统性。应用技术型人才培养、创业教育融合发展，课程设置兼顾二者的要求，属于整合课程资源的教育模式。三是实践的系统性。应用技术型人才在其培养方式上十分重视学生实践技能的培养，这对创业教育来说也是一种非常有价值的实践平台。四是环境的系统性。人才培养需要打破校内格局，走向产教融合，需要来自社会、政府以及高校等多主体的合作。

3. 综合交叉性

应用技术型人才创业教育集应用技术型人才培养、创业教育于一体，对知识、素质、能力、意识、品质有共同的要求，教育过程具有综合交叉性。其教育过程是通过一系列的课程、实践、项目、研究，培养出具有创新创业品质、实践能力强，既能够胜任生产、管理、经营一线工作，又能自主创业的高级专门人才。强调的是将技术转换成现实生产力的能力，体现的是技术应用与创业实践的结合，是人才培养与创业教育的有机整合，这样一来，基于专业知识和专业技能背景，应用技术型人才在创业项目的选择上也会比一般的创业者更加具有针对性和使创业成功的平台优势。

4. 压茬拓展性

应用技术型人才创业教育是一种专业教育与创业教育兼容合一的教育形式，专业教育与创业教育压茬兼容，互相拓展，资源共享。一方面，在应用技术型人才培养过程中，应用技术的应用本身具有某种创业的性质，为学生创业提供了一定基础，应用技术教育在能力准备上服务于创业教育，而便利的实习实训和实践条件又为创业教育提供了扩展的空间；另一方面，创业教育为应用技术型人才培养提供了综合素质拓展渠道。创业教育培养学生从事创业所需要的基本知识、能力，这些知识、能力对应用技术型人才而言，也是十分必要的，是应用技术型人才培养所设定与追求的。

（三）应用技术型人才创业教育的规律

创业教育不是独立于人才培养之外的单独教育形式，而是与人才培养过程紧密结合的教育过程。在应用技术型人才培养的背景下，创业教育具有不同于其他类型人才培养的自身内在规律。探索这些规律，为后续的师资队伍建设提供认识基础和理论基础。

1. 理论实践并行

从知识论的角度来说，教育学的逻辑起点是知识的传递①。在教育与其他社会活动并未明确分工的时代，知识多以经验的具体形态存在，并通过耳濡目染的形式进行传递。在把教育作为一项独立的社会分工来看待之后，教育的内容即知识便接近了我们当前对于知识的理解和运用。只是当这种知识在内化为受教育者自身的认识之前，必然是以一种抽象的理论形态而存在。可以肯定的是，任何一项教育活动都必然需要以理论知识作为先导，以体系化的知识结构规范受教育者对此项教育活动的基本认识。创业教育是一项独立而独特的教育体系，必然需要相应的创业知识理论作为理论基础，同时结合教育学的理论知识，最终通过教育的形式将创业的知识传播开来。在创业教育中，理论性的知识同样非常重要，它是塑造受教育者对创业活动形成正确价值观的基础，也是认识和理解创业的基础，更是今后指导学生进行创业活动的基础。在应用技术型人才创业教育中——无论是"应用技术型人才"还是"创业教育"，都突显了强烈的实践色彩。马克思主义哲学认为"缺少理论的实践是盲目的"，这一方面是在强调理论的指导作用，另一方面则是在说明任何理论都需要回归实践。创业理论是在长期创业实践过程中不断抽象总结形成的知识体系，创业教育是通过教育的形式将创业知识教授给学生以指导学生进行创业活动。创业教育理论来源于实践也必然要回归到实践，创业教育实践之于创业教育理论不仅是起点也是终点，两者不仅是一个过程的两个阶段，更是一项活动的两个方面。

2. 专业创业结合

对于以应用技术型人才为教育对象的创业教育来说，专业与创业的结合不仅是特点，还是一种创业教育的规律。应用技术型人才创业教育的基础出发点之一就是依托应用技术教育开展创业教育，使应用技术型人才的专业背景在创业活动中能够发挥其他类型人才所不具备的优势。专业创业结合主要有两个方面的内容。首先是专业教育与创业教育在教育形式上的融合。有学者认为，创

---

① 洪宝书. 教育的本质 [M]. 成都：成都科技大学出版社，2011：68.

业教育是专业教育的深化和提升[①]，是一种更高层次的专业化教育，专业教育是创业教育的基础。[②] 所以，应用技术型人才创业教育就是要将专业教育与创业教育相融合，以学科建设为依托，整合课程资源，通过专业学习培养学生创业潜质。其次是专业技能与学生创业活动的融合。应用技术型人才是具备了专业技能基础的人才类型，在创业活动的开展上，对创业方向的选择会有明显的专业特征。创业不是无根之水，创业者的技能类型和技术水平同样是影响创业成败的关键因素。因此在创业教育的开展上，要紧紧围绕应用技术型人才专业技能的提升，在专业技能水平的提升过程中，融合创业教育，开展创业活动，通过实习、实训等实践环节，开拓创业视野，发散创新思维，是使学生专业素质成长以更加适合创业的需要。

3. 资源多维共享

由于教育目标以及培养方式的特殊性，创业教育对于教育资源的要求比一般专业要高的多，而以应用技术型人才为培养对象的创业教育，在创业的专业偏向影响下，单独依靠学校所能提供的资源进行创业人才培养是远远不够的。要培养合格的应用技术型创业人才，必须要整合创业教学资源，搭建三维平台，即以学生学习为主的创新创业平台、以教师教学为主的创新创业平台以及以校内外协同创业服务为主的创新创业平台，实现多个维度的资源共享。"高校创新创业平台是指高校利用自身智力资源优势，整合社会人才、技术、资金、市场、公共服务等优势资源，通过实验或实践，发现新知识、发明新工艺（新方法、新设计）、运行新企业等方式，推进师生创新创业的制度和组织网络，共目的是在推动新知识或新技术生产、流动、更新和转化的过程中，培养和造就具有创新意识、创新精神和创新创业能力的人才。"[③] 一方面，搭建以学生学习为主的创业平台，目的是以这样一种整合资源的方式，在理论知识与创业实践相互冲击的共振中，让学生能够提高自我学习能力和创新创业意识，帮助学生在对创业的认识上逐渐形成一种从"不可能"到"可能"再到"我能"的心理过渡。另一方面，搭建创业平台，是服务教师教学、提高教学效率的关键措施。除了高校内部的资源平台建设以外，在校地（企）合作、政产学研等高等教育发展趋势的引领以及创业教育的现实需要下，高校还应当搭建校

---

① 刘晓明. 创业教育与就业教育一体化高职人才培养探讨——以物流管理专业为例 [J]. 科技创新导报，2010（9）.

② 杨邦勇. 论应用技术大学的创业教育 [J]. 福建工程学院学报，2015（4）.

③ 申屠江平. 高校创新创业平台建设的问题与对策 [J]. 中国成人教育，2012（20）.

内外协同创业平台，为学校的创业教育提供最新、最细、最有价值的创业知识情报。在这样的创业平台中，无论是学生还是教师都会在实践中检验所学所教，是引导学生从创业学习者走向真正创业者的非常好的渠道。

4. 模拟实战并存

在创业教育体系当中，创业模拟与真正的创业活动并存，两者缺一不可。应用技术型人才的创业教育需要经过两项实践过程，一是专业实践以提升专业技术能力，二是创业实践即创业模式，提升学生对创业活动的认知以及创业能力和创业精神。伴随着高校对创业人才培养方式的不断探索，应用技术型人才创业教育的创业模拟渐渐以一种综合的形态在创业人才培养过程中承担着重要作用。应用技术型人才的创业模拟，主要内容与创业活动相关，在特定的环境下（如创业实验室）模式真实的创新创业活动。同时，在应用技术型人才创业活动与专业知识技能紧密结合的前提之下，创业模拟同样是一种专业技术在模拟环境下不断锻炼运用的过程。也就是说，应用技术型人才创业教育中的创业模拟，因为专业与创业深刻的结合，创业模式同时也是专业实践，在创业模拟中正确认识并运用专业与创业的关系，创业教育才会事半功倍。但是，脱离了真实创业活动的创业模拟始终只能是纸上谈兵，创业教育必须主动参与到创业实战，创业学习者必须经历创业实战的历练才能成为真正的创业人才，这是创业教育乃至一般性的应用技术型人才培养铁的规律。应用技术型人才创业教育同样要走向创业实战，切身感受创业的激情、困难以及风险。目前，在国家、省市以及高校自身等多级层面，都在积极支持和鼓励创业教育参与创业实战，在大量的政策优惠之外还投入创业经费为学生提供条件支持。

第二节　应用技术型人才创业教育师资队伍建设

鉴于以上对创业教育、应用技术型人才、应用技术型人才创业教育的特点、规律的认识，结合高校教师队伍现状，兼顾应用技术型人才培养与创业教育实际需要，本节探索基于应用技术型人才创业教育的师资队伍建设路径，为人才培养与创业教育提供切实保障。

一、技术本位的师资队伍建设

应用技术型人才培养、创业教育对教师提出了新的要求。从教学理念来看，传统的以理论传授、科学研究为主的教学理念必然会被理论与实践相结合、学以致用、以用促学的新教学理念所取代，教师要充分认识到应用技术型人才、创业人才培养的意义和培养路径；从知识结构分析方面来看，应用技术型人才培养、创业教育不仅需要知识的传授，同时也需要结合产业背景对学生进行技术应用方面的训练；从实践教学能力考量方面来看，应用技术型人才培养、创业教育主要是围绕企业需求培养学生的职业能力，这种人才培养模式要求教师既要有理论知识传授能力，又要有将企业生产实际引入课堂、实施产教融合的完整教学能力。

鉴于以上新要求，从总体上看，应用技术型人才创业教育师资队伍建设，主要应实现两个方向的转变：由注重学术的"科研型"教师向注重技术的"应用型"教师转变、由注重学术的"学科群"教学团队向注重技术的"专业群"教学团队转变。

（一）技术本位的"应用型"师资队伍建设

从应用技术型人才培养、创业教育的实际需要来看，建设一支技术本位的"应用型"师资队伍是关键所在，建设"应用型"教师队伍，重心在于教师实践能力的提高。结合目前实际，主要应从以下几个方面加强"应用型"师资队伍建设：

一是构建专任教师进企事业培训、锻炼的长效机制。鉴于相当一部分教师缺乏实践经验，在应用技术方面有所缺乏，不能很好地胜任专业技术教学，往往对专业理论讲授过多，对专业技术讲授简单，教师的专业应用能力急需提高，学校应注重对专任教师进行产业行业企业背景及关键技术的锻炼和培训，将专业理论与生产实际紧密结合，使教师了解产业行业企业的运行过程与生产线关键技术。葛艳娜认为，应重新制定教师资格标准，除了要求教师必须具备高校教师的教学、科研能力外，还应对其企业工作经历、专业技能证书等方面提出具体的要求，应拓宽教师来源的渠道，从企事业单位或行业技术部门引进技术能力强、实践经验丰富、了解行业发展动向的企业技术人员到教学一线任教，扩大兼职教师比例①。同时，重视职后培训，增强教师教育教学和专业实践能力。② 为此，开展应用技术型人才培养、创业教育，需要建立教师深入企事业单位挂职锻炼或培训的制度体系，鼓励教师参与，以提高教师的专业技术应用及创新能力，提高教师的实践能力和技术开发能力，满足应用技术型人才培养、创业教育的需要。学校要有计划、有组织地安排中青年教师到企业锻炼、进行产业背景的考察、学习与提升，提高自身实践经验能力与水平，同时，从了解到的社会需求和生产需要的信息中，推动教学内容和教学方法的改进。对于新进教师而言，学校应制定相关人事政策，对取得专业学位研究生学历的新进教师人才，规定应在企业锻炼一年以上，才能具备应用技术类型高等教育教师任职资格，以此促进新进教师达到应用技术型人才培养、创业教育的实际要求。

二是建立企业人才走进大学课堂的"准入"制度。学校从企业聘请兼职教师，不能盲目聘请，要根据应用技术型人才培养、创业教育的实际需要有针对性的遴选，要使被遴选的人员具备基本的高校课堂教学能力，具备将专业技术开发、应用、创新的能力传授给学生的能力，要注重理论与实践的紧密结合，体现学以致用和技术创新，善于将专业理论应用于专业技术。学校要完善兼职教师队伍建设的的制度体系，疏通学校与企业之间人才的双向流动渠道，解决兼职教师的待遇与职业发展问题，建立专兼职相结合的教师队伍，满足应用技术型人才培养、创业教育的需要。

三是加强对在职教师的应用技术能力培训。为适应应用技术型人才培养、创业教育需要，学校有必要对在职教师进行有针对性的培训。应以"教师教学发展中心"为平台，加强现代教育教学理论与企业岗位技术技能的培训、学习与研究，使每一位教师的课堂教学与实践教学行为发生实质性的变化。要着重培养和提升教师的应用技术教学能力，适应应用技术型人才创业教育的需要，促进教师专业知识、专业理论、专业技能的全面提高。

四是改革教师职称评审制度，激发教师积极性。应用技术类型高校在教师职称评审上大多借鉴学术型高校的职称评审标准，重学术、轻教学，重科学研究、轻教学研究，以至于教师为了参评职称而想方设法获得高级别的课题，发表学术论文，然而有些课题和论文甚至与教学关系不大，教师为评职称而评职

① 张象林. 新建本科院校转型发展研究述评 [J]. 现代教育科学，2014（4）.
② 葛艳娜，路姝娟. 中德应用型本科师资队伍建设比较研究 [J]. 上海第二工业大学学报，2011，（4）.

称的现象比较严重，这不仅影响了教学质量的提高，而且从深层次上影响了教师从事教学的积极性和主动性，教学质量难以提高。应用技术型人才培养、创业教育应从实际出发，改革教师职称评审制度，将教师的职称评审要求与应用技术型人才培养、创业教育紧密结合，特别是要将技术实践经历作为教师职称评审的基本条件之一。

（二）技术本位的"专业群"教师团队建设

应用技术型人才培养、创业教育对教师的需要具有多元化的特性，需要各类教师之间的专业合作，发挥教学团队的作用。教学团队是基于人才培养需要而围绕某个或某几个相近专业而建立起来的具有较强实力的人才培养队伍，教学团队通过教师之间的互相合作，共同解决教学上的困难和问题，促进教学的创新和质量的提高，发挥"1+1 大于 2"的效应。应用技术型人才培养、创业教育要求将专业理论与专业技术紧密结合起来，培养技术应用、开发、创新型人才，能够将专业理论转化为应用技术。这首先要求教师得具备将学科知识转化为产业实践的能力，这就要求从事应用技术型人才培养、创业教育的人才队伍应是开放多元的[①]，既要有应用技术开发与创新型的教师，又需要具有企业背景的"双师双能型"教师和直接来自企业的"技术师"组成学科团队[②]。因此，应用技术型人才培养、创业教育应围绕"专业群"的人才培养需要，加强教学团队建设，提高人才培养质量。

一是以"专业群"为平台，构建"技术集成型"教学团队。高校教学团队，旨在通过有效的沟通交流与合作机制，进一步加强教学基层组织建设，深化教学改革，开发优质教学资源，促进教学研讨和经验交流，推进教学队伍的老中青结合，发挥传、帮、带的作用，实现教学队伍建设的可持续发展，最终达到提高教育教学质量的目的[③]。教学团队的价值取向在于"教学"，在于提高教育质量，同时促进教师自身的专业发展。应用技术型人才培养、创业教育尤其需要教学团队建设，以团队力量推动教学质量提高和教师发展。要以专业群、课程（群）为平台，以教学内容和教学方法的改革为主要途径，积极加强教学团队建设。应用技术型人才培养、创业教育教学团队建设应注重团队的技术本位，建设"技术集成型"的教学团队，重点做好以下几个关键环节的问

---

①　宋孝金. 应用型本科高校定型发展的四项任务［J］.中国高校科技，2014，（7）.
②　宋孝金. 应用型本科高校定型发展的四项任务［J］.中国高校科技，2014，（7）.
③　刘建凤，武宝林. 高校教学团队建设与管理探析［J］.中国大学教学，2013，（4）.

题：1、做好教学团队成员的遴选。教学团队成员的选择必须具备先进的教学理念和丰富的教学经验，具备技术教学与技术开发的能力，年富力强而又充满活力，具有创新精神与创新能力，让教学经验丰富、有创新意识、有影响力的成员担任团队带头人，在适度的团队规模下形成合理的团队结构。2、明确教学团队的目标任务。教学团队应基于学校教学改革与发展的现状和问题，抓住人才培养和教学改革的重点、难点、热点问题，捆绑重大教学改革项目，围绕教学精品建设和教学成果培育，制定明确和具体的建设目标和工作任务，使教学团队建设工作不仅成为学校教学改革与研究的主要阵地、教师教学合作模式与完善基层教学组织功能的示范点，同时成为培育教学精品的孵化器、培育教学名师和优秀教学成果的摇篮，成为学校教学质量提升的突破口。应用技术型人才培养、创业教育教学团队建设应充分明确以技术应用和开发为主线的基本方向，组建以技术为纽带的教学团队，将技术教学改革的主要任务和目标细化在具体教学过程之中，以专业群为契机，明确团队之间的技术分工，加强团队成员之间的技术合作，带动技术教学质量逐步提高。3、加强教学团队的组织管理。教学团队建立后，应遵循教学规律，从学校发展的战略和全局高度实施科学化、规范化的管理，要以教学团队建设的总体规划和目标为依据，统筹安排，精心组织，按照管理与保障监控相结合、目标管理与过程管理相结合，管理重心下移和管理权限下放相结合、加强指导与分层管理相结合，以保证教学团队的有序运行和稳步发展。[①]

二是以"专业群"为导向，构建"技术合作型"研究团队。应用技术型人才培养、创业教育不是不需要科学研究，而是强调科学研究的层次和作用与学术型高校有所区别，在科学研究层面应结合应用技术型人才培养、创业教育特点和实际，更加注重应用研究，促进应用技术的研发和创新，以此促进教学和服务地方产业，形成自身优势和特色。为此，需要整合研究力量，以技术应用为导向，创建"技术合作型"研究团队。1、以技术创新为导向，构建"合作型"创新团队。技术更新的日新月异使得技术学科的分支化趋势和综合化趋势不断加强，各学科与专业之间的技术交叉性和渗透性达到了前所未有的程度。应用技术型人才培养、创业教育师资队伍建设应充分考虑技术更新的因素，成立创新团队，加快技术应用研究力度和创新步伐，以创新性成果服务教学，不断完善学科专业体系，创建特色专业。在团队建设上要充分考虑高层次人才的研究转型和工作保障，扭转注重基础研究和理论研究与应用技术型人才培养、

---

① 刘建凤，武宝林. 高校教学团队建设与管理探析［J］.中国大学教学，2013，(4).

创业教育不相适应的趋向，引导教师把科研关注点集中到应用研究。2、以技术应用为目的，构建"合作型"服务团队。为强化应用技术型人才培养、创业教育的服务功能，学校要善于将应用研究和技术研究的成果进行转化，以市场直接需要的技术形式服务社会。鉴于高校学科专业之间的技术差异与市场技术需要的综合性，加强服务团队建设、形成服务社会的综合实力，就显得尤为重要。高校应根据相近或相似的专业组建技术服务团队，加强技术合作与集成，以专业"技术包"的形式为市场提供"一条龙"式服务。同时，高校应鼓励科技创新创业，对掌握关键技术、可进行商业化操作的科技人员，学校鼓励他们自主创新创业，由他们积极组织技术团队专门从事科技创新创业活动，为地方中小型企业提供技术服务，构建高校科技创新创业人员服务社会的长效机制。

二、"双师双能型"师资队伍建设

应用技术型人才培养、创业教育需要建设"双师双能型"师资队伍。目前，在"双师双能型"方面存在一些制约因素，主要是：引进途径单一、培养路径不明、评价倾向学术、激励措施错位。克服这些制约因素，加强"双师双能型"师资队伍建设，需要明确以下路径：多渠道、立体化引进，多方式、实践性培养，多维度、多元化评价，应用性、层次化激励。

（一）"双师双能型"教师专业标准

"双师双能型"教师指具有双重素质和双重能力，能够胜任本科应用技术型人才培养、创业教育的教学与研究的教师。双重素质，指具备应用技术型人才培养、创业教育的专业基础理论教学素质和实践实训实习教学素质，双重能力，指具有胜任应用技术型人才培养、创业教育的教学能力和研究能力。具体来讲，"双师双能型"教师应具备以下素质和能力，达到如下专业标准：

1. "双师型"的专业知识

首先是学历达标。具有硕士研究生、博士研究生以上学历，具备高深的专业理论知识储备，了解专业背景、专业理论体系、专业理论的"来龙去脉"和专业理论的前沿动态，知晓专业理论体系与相近专业理论体系的"边界"与"联系"，能够把握专业理论知识的推导过程，并具备与时俱进、不断完善自身专业理论知识的习惯和能力。其次是具备丰富的"普适性"知识储备，包括自然科学、社会科学和人文科学基础知识。

2. "双能型"的专业技能

首先是教学水平达标。掌握大学生的身心特点和规律，把握现代高等教育教学规律，掌握大学课堂教学方法，能够按照应用技术型人才创业教育的特点、规律组织实施理论课教学、实践课教学、实验课教学，教学成效突出；其次是科研能力达标。熟悉本学科领域的研究方法、把握研究动态，具有能够结合本科应用技术型人才培养创业教育实际组织实施教育教学研究的能力、应用技术研发的能力和利用科研成果服务教学、服务社会的能力。

3. "职业型"的专业素养

一是具备坚定的本科应用技术型人才培养创业教育的教育信念。熟知当代大学生的思想状况、心理特点和学习规律，把握学习本质，遵循教学规律；二是具备自觉的教书育人的教育理想。热爱教育教学工作，掌握大学教育教学工作规范，心系研究教学，把握应用技术型人才培养创业教育的教育教学方法；三是具备应用技术型人才培养创业教育的价值追求和教育教学责任感。热爱学生，倾心教学，坚持以学生为中心，培养合格人才。

（二）"双师双能型"教师队伍的制约因素

目前，"双师双能型"教师队伍建设存在一些制约因素，导致在职教师达不到"双师双能型"教师的专业标准，这势必会影响应用技术型人才培养、创业教育的效果。

1. 引进途径单一

由于应用技术类型高校多为新建本科院校，面临师资紧缺、教师队伍整体水平不高的问题，为在较短时间内达到教育部本科教学工作水平评估指标体系的要求，这些学校在教师人才引进上往往只注重高学历和职称，大规模引进一批硕士博士和正高职称人员，而相对忽略了培养本科应用型人才的实际需要。这些新引进的教师，大都没有在企业行业锻炼的经历，虽然具有较好的专业基础理论知识，能够胜任理论教学工作，但对实践教学相对欠缺，不能满足本科应用型人才培养的整体需要。

2. 培养路径不明

为建设与应用技术型人才创业教育相适应的教师队伍，大部分学校都采取了从企业聘任兼职教师、让一线教师到企业锻炼的办法，但是效果不够理想，究其原因，主要是这种双向培养师资的路径不明。从企业聘任兼职教师，以什么为标准？聘任的兼职教师怎么使用？如何管理？对这些问题没有明确的思路；一线教师到企业锻炼，选聘哪些教师？到企业学习什么？如何对这些教师进行管理和激励？对这些问题也没有明确的措施办法。所以导致聘任的兼职教师不能很好的发挥作用，送出去锻炼的一线教师也难以得到提高，应用技术型人才培养、创业教育质量并未得到有效提高。同时，选派教师去企业实习，教学工作和实习工作如何合理分配也是面临的实际问题。

3. 评价倾向学术

在教师评价上，很多应用技术类型高校仍然仿照综合性大学的做法，倾向学术的惯性依然存在：课堂教学评价以传授知识信息量的多少和难易为标准，忽略理论与实践的联系和传授知识的方法；职称评聘以学术成果的等级和数量为依据，忽略教学工作成绩和实际贡献；绩效考核过多地考虑教师的科研工作量，对一线教学工作量重的教师兼顾不到，一线教师在繁重的教学工作之余，还要应对与职称挂钩的科研任务，这势必冲击了教学，也为滋生学术造假提供了土壤。

4. 激励措施错位

与评价的学术化倾向紧密相关的是，一些应用技术类型高校的激励措施产生错位，激励作为调动教师积极性和主动性的手段的应有作用没有得到有效发挥：学科带头人的评聘以理论教学和科研成果为导向，忽略实践教学和专业技能；奖惩管理制度注重负激励，忽略正激励，奖惩倒挂；在激励对象上，对一线教师激励的面小于管理人员，一线教师怨言颇多；对科研项目的奖励力度大于教学研究项目，对科研成果的奖励力度大于教学成果；激励不及时，对做出重大贡献的教师奖励滞后，影响了激励作用的实际效果；调查发现，引进高学历人才的待遇优厚，比如启动资金，住房，配偶工作等，而对于引进的"双师型"教师，就远没有这样丰厚的待遇。

（三）"双师双能型"教师队伍的建设路径

参照 2015 年教育部、国家发展改革委、财政部《关于引导部分地方普通本科高校向应用型转变的指导意见》（教发〔2015〕7 号）文件要求，针对实际存在的制约因素，结合专业标准，"双师双能型"教师队伍建设应重点从以下路径加以突破。

1. 多渠道、立体化引进

应用技术类型高校在教师引进上应采取更加开放性的做法，根据人才培养与创业教育的实际需要，多渠道、立体化地引进人才。所谓"多渠道、立体化"，主要指在人才引进上，不仅只引进新毕业的高层次人才，而且要进一步疏通学校与企业、事业、行业、高校、科研院所、社会的双向人才流动渠道，构建灵活机动的专兼职教师队伍建设途径，实现学校人才培养与社会广泛对接与融合，构建学校与社会人才互动的"立交桥"，重点加大从企业、事业单位柔性引进人才的力度，切实保障引进教师具有丰富的实践经验与实践教学能力，保障应用技术型人才培养、创业教育的教学需要。要坚持引进与培养并重，加强对在职教师的技能培养，提高教师的教学水平与实践教学能力，培养有创新精神、创业意识和职业能力的专门化人才。

2. 多方式、实践性培养

对新引进的教师而言，要加强其实践经验的锻炼与培养，让其参加一定期限的企业实习，培养教师丰富的实践经验和较强的应用能力，满足应用技术型人才培养、创业教育的实际需要；对在职教师而言，要建立经常性与企业合作的机制，通过一些高新科技的开发和应用，使教师了解行业发展的最新情况，适应培养适应企业需求的应用技术型人才的需要。教师实践能力的培养路径应该是开放的、高效的，学校应制定相关管理制度，明确教师实践能力培养的路径和教师工作量的合理折算，使教师愿意去、能够去接受实践能力的锻炼与培养，并且确保教师实践能力培养的有效性，要制定教师实践能力培养的考核办法。学校应设置教师发展中心，为教学上存在实际困难的教师提供咨询服务或教学指导。

3. 多维度、多元化评价

要建立学术与技能并重的教师评价导向。对于应用技术类型高校教师而言，学术研究固然重要，但是，应用技术类型高校教师的技术开发应用同样重要，因为仅仅靠学术研究并不能培养出合格的应用技术型人才和创业型人才，要充分发挥技能型教师人才的作用，为培养应用技术型人才、创业型人才服务。要采取多元方式评价教师，构建学生评教、专家评价、企业评价、社会评价相互结合的评价体系；要建立多维度的评价体系，促进教师提升综合能力与素质，如在年终考核中，除了考虑常规考核标准与指标外，新课程开发、应用性科研成果、企业实习成果等都应被列入考核范围，并确定合理的比例关系。通过多维度、多元化的评价，促进教师的成长与发展，适应应用技术型人才、创业型人才培养的需要。

4. 应用性、层次化激励

坚持以应用性作为基本标准，对教师进行多层次的激励，促进其成长与发展。在事关教师专业发展的关键环节充分发挥激励作用，促进"双师双能型"教师队伍建设。在职称晋升环节，为大力培养"双师双能型"教师，要改革专业技术职称的评审办法，由过去注重学术成果和职称考试结果向注重应用性科研和实践应用能力转变；在人才引进环节，要正确对待学术与技术的关系，合理规划两类人才的比例关系，在待遇上，使学术型人才和技术型人才基本匹配；对学科带头人的选拔，要使学术型人才与技术型人才的比例适当，在津贴待遇上对等，以激励技术型人才的发展；激励要倾向于一线教师，对各类教师要多采取奖励的办法，尽量减少惩罚，避免其产生消极情绪；激励要及时有效，发挥激励的最佳效益。

第九章 构建评估体系是创业教育融入应用技术型人才培养的质量保障

评估是教育教学质量保障的重要环节，通过评估可以发现教育教学过程中的优点与不足，并进一步分析存在不足的原因，反馈到教育教学过程中，可以有效进行整改，弥补教育教学质量的不足，有效改进教育教学，确保教育教学质量按照预期的目标进行。创业教育同样需要借助评估的手段，达到改进与提高的目的。本章主要从创业导向的评估目标、质量本位的评估指标、应用取向的评估方式三个维度构建基于应用技术型人才培养创业教育的评估体系，确保应用技术型人才培养创业教育的质量与水平。

第一节 构建创业导向的创业教育评估目标

培养创业人才是创业教育的根本任务，提高创业人才培养质量是创业教育的目标追求，评价、监督、保障和提高创业教育教学质量的重要举措是创业教育评估。应用技术型人才培养与创业教育均具有自身特点与规律，基于应用技术型人才培养的创业教育应以创业为评估导向。

一、创业导向的评估指导思想

基于应用技术型人才培养的创业教育评估应以习近平中国特色社会主义教育思想为指引，以党的十九大精神和教育规划纲要为指导，以有关高校创业教育的政策法规为依据，以普通高等学校本科教学工作水平评估、审核评估为参照，全面促进创业教育内涵建设与外延建设。促进高校确立创业人才培养的重要地位，树立科学的创业教育发展观，突出创业教育人才培养和质量保障体系，确保创业教育质量不断提高，为社会培养优秀的创业人才；正确认识与处理应用技术型人才培养与创业教育的关系，实现二者互相影响，相得益彰；正确认识与处理创业教育与专业教育的内在关系，实现二者融合发展，互相支撑；改革体制，创新机制，建立健全创业教育的监督与评价体系等制度体系，从制度层面对创业教育质量加以保障。

二、创业导向的评估基本原则

创业教育有不同的类型和层次，基于应用技术型人才培养的创业教育评估应坚持主体性、目标性、多样性、发展性、实证性与融合性六个基本原则。

（一）主体性原则

学校是创业教育与人才培养的责任主体，创业教育评估旨在促进学校增强创业教育的主体意识、建立健全创业教育质量保障体系、提升创业教育质量保障能力。重要观测点是学校创业教育质量保障体系的完善程度与运行状况、学校主体作用发挥的程度。

（二）目标性原则

创业教育评估应区别于其他类型评估，要突出创业教育的目标，主要考察学校创业教育目标、教育质量、教育质量与教育目标的达成度以及培养过程中各个环节如何改进、实施，是否形成了支撑创业教育目标的创业教育体系。

（三）多样性原则

创业教育评估要尊重学校的办学自主权，充分考虑学校办学定位及人才培养的多样性，促进学校根据国家、社会需要，结合自身条件，合理确定教育目标，制定质量标准，形成创业教育特色，要充分体现多样性，克服同质化[①]。

（四）发展性原则

创业教育评估强调创业教育过程的改进和内涵的提升，注重创业教育资源的整合与有效利用，注重创业教育校内外平台建设，注重产教融合和合作办学，促进创业教育质量的持续提高。

---

① 李亚娟，江晓云. 审核评估的特点及工作重点探析［J］. 大学教育，2019，（1）.

（五）实证性原则

创业教育评估强调依据事实做出评估判断，以目标为依据、以问题为导向、以数据为根据、以事实来证明。高校要认真梳理与提供有关创业教育的系统性材料，评估者以客观存在的事实和材料，对创业教育总体情况做出实事求是的评价，体现评估的权威性与说服力。

（六）融合性原则

创业教育不是独立的教育形式，它是与专业教育紧密结合在一起的一种教育模式。创业教育评估强调创业教育融入专业教育的机制与路径，以二者融合发展的形式、效果、质量为重要观测点，突出二者之间互相影响、互相促进的关系，以达到资源整合、提高人才培养质量的目的。

三、创业导向的评估基本特点

创业教育作为一种教育形式，具备教育的一般性特征，同时，创业教育作为一种特殊的教育形式，又具有自身独特的特点与规律。开展创业教育评估，必然要考虑到创业教育与其他类型教育的共性特征，也要兼顾创业教育的个性化特征，在确保创业教育评估具有客观性的基础上，实现通过创业教育评估促进创业教育发展的评估目的。基于应用技术型人才培养的创业教育体现的是创业教育与应用技术型人才培养的融合，在评估体系上，具有以下基本特点：

（一）评估内容的综合性

基于应用技术型人才培养的创业教育，在评估内容上具有综合性：既要评估一般意义上的创业教育，又要评估创业教育融入应用技术型人才培养全过程的机制与模式；既要评估创业教育的质量与水平，又要评估创业教育与应用技术型人才培养互相影响和促进的状况；既要评估创业教育目标与结果的达成度，又要评估创业教育与应用技术型人才培养融合的达成度；既要评估创业教育自身的质量，又要评估通过创业教育促进大学生综合素质的提高程度。从横的方面来讲，评估内容应该包括课程体系、培养方案、教学方法、师资队伍、创业实践、管理机制、创业教育的软硬环境、教育效果[①]等（如图9—1所示）；

---

① 李虹. 高校创业教育质量保障与评估体系设计研究［J］.实验技术与管理，2011，（11）.

从纵的方面来讲，评估应该贯穿于创业教育的全过程，体现以创业教育为主线的应用技术型人才培养全过程。因此，创业教育评估体系具有综合性、多样性、兼容性、立体化，是全方位的评估。在评估方法上，坚持规范性、公平性、客观性，对学生学习结果的评估主要集中在创业知识的掌握、创业能力的提高等认知领域；对教师教学水平的评估主要以学生的参与度和行为改变为依据[1]。

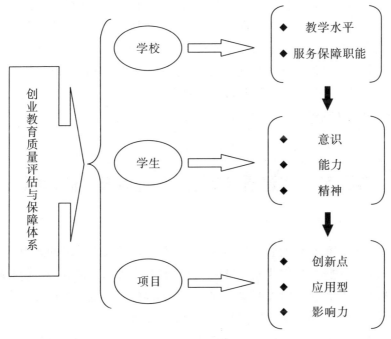

图 9-1 创业教育质量评估

（二）评估主体的多元性

创业教育评估是一项系统化工程，需要多方参与，协作配合。目前，对创业教育评估，比较正式的官方专门评估体系还没有，对创业教育的评估，往往是置于本科教学评估之中，作为人才培养的一个方面来加以评估的。但是，为了提高创业教育质量，高校可以建立自身的创业教育专门评估体系，通过教师、学生、创业者、社会、家长等多主体的多元参与，全面系统地开展评估，客观公正地对创业教育质量与水平做出评价，对存在的问题加以分析，结合实

---

① 李虹. 高校创业教育质量保障与评估体系设计研究［J］.实验技术与管理，2011，(11).

际提出整改意见建议，以促进创业教育改革与完善，达到培养创业人才的目的。通过过程评估和形成性评估，及时向教师和学生提供反馈信息，使他们能够了解教育活动中存在的缺陷和不足，从而促进教师和学生不断改进，完善自己的教育活动和学习活动，使创业教育更好地服务于学生发展[①]。

（三）评估过程的持续性

目标导向的评估模式以目标为出发点和最终归宿[②]，目标一旦完成，评估既宣告结束，是终结性或一次性的评估，这样的评估对人才培养质量的促进不具有持续性。在创业教育融入应用技术型人才培养全过程中，对创业教育的评估，也应是持续性的，在促进创业教育方面具有持续推进性和激励性，因此，要构建创业教育评估的长效机制，推进创业教育稳步、持续得到发展，服务于应用技术型人才培养，提高创业教育质量。

第二节　构建质量本位的创业教育评估指标

创业教育评估是对创业教育实施水平、创业教育实施效果的客观、系统评价，是指评估主体根据创业教育目标，运用科学合理的评估方法对创业教育活动情况作出评价以进行对策调整的过程。它为高校开展创业教育做出决策、优化路径提供依据，通过信息反馈调整教学策略与教学方法。创业教育涉及范围较广，教育对象具有广泛性、层次性，教育形式具有多样性。对创业教育进行评估，首先应明确评估指标，按照科学合理的指标体系进行评估，才能得到相对客观、公正的评价结果。

一、创业教育评估指标设立原则

创业教育具有教育的共性，也具有自身的个性，对创业教育进行评估，需要把握创业教育的特点和规律，鉴于这些特点和规律，创业教育评估指标的确定应遵循以下原则：

---

① 李虹. 高校创业教育质量保障与评估体系设计研究 [J]. 实验技术与管理，2011，(11).
② 李虹. 高校创业教育质量保障与评估体系设计研究 [J]. 实验技术与管理，2011，(11).

（一）一致性原则

创业教育评估旨在强化高校对创业教育的宏观管理，促进创业教育持续发展。创业教育评估指标体系的设立应坚持一致性原则：一方面，创业教育评估体系内部要保持一致性，将评估目的转化为具体可行的评估指标，将评估指导思想渗透进评估指标体系[①]；另一方面，评估体系作为构建创业教育模式的重要内容，整个创业教育评估体系均要符合创业教育教学实际，与创业教育的发展保持一致。这样，创业教育评估最终服务于创业教育目标，创业教育评估水平的提高又促进创业教育的顺利实施，二者相互依存、相互联系。

（二）动态性原则

创业教育是集理论知识和实践活动于一体的教育，其丰富的教学内容、变化发展的教学过程本身就要求创业教育评估体系得具有动态性，而不是仅仅只关注创业教育的实际结果。它体现了过程系统和绩效效果相互结合的评估观念，不仅重视创业教育的最终成效和实际结果，而且也注重创业者在创业教育过程[②]中的发展状态、工作成效，以及正在作出的努力、改变和潜力的发挥，把终结性评估和形成性评估紧密地结合在一起，既注重结果、也注重过程。

（三）多元化原则

创业教育目标具有多元化取向，相应地，进行创业教育评估也具有这一特性。创业教育目标内容丰富，注重大学生创业意识、创业精神、创业品质和创业能力的发展，重在将大学生培养成创业素质高的创业型人才。因此，创业教育评估需要对大学生社会适应性进行评估，也要对实践活动中的创业意识和创业能力进行评估；需要对大学生认知能力进行评估，也要对整体心理发展情况进行评估，以了解其人格特征和心理健康水平；需要对大学生知识掌握程度进行评估，也要对其知识结构的合理性、知识获得的方法进行评估，以了解其综合运用能力；需要对大学生当前发展状况进行评估，也要对其未来的发展潜能进行评估。

（四）激励性原则

创业教育评估体制的建立最终是为了促进创业教育的持续发展，把竞争机

---

① 王伟. 美国高等教育评估制度研究［D］. 河北大学硕士论文，2004.
② 刘雪冰. 我国高校创业教育现状及对策研究［D］. 武汉理工大学硕士论文，2017.

制和奖励机制融入创业教育管理之中，对于评估优秀的对象提供资金奖励、政策优惠、职位晋升等，这将有助于调动创业者的积极性、主动性，开发其创业潜能，通过竞争培养勇敢面对的精神，通过适当的奖励政策增强其创业动力，增强其创业行为。

（五）可操作性原则

为体现创业教育的真实教学效果和大学生创业素质的实际状况，创业教育评估体系需体现出可操作性。这一原则包括了两层涵义：一方面，创业教育评估手段简单易懂。精简创业教育评估机构，明确制定创业教育评估方案，简化创业教育评估程序，按照评估方案有计划、有目的地开展评估，以量化数据和文字资料的形式及时呈现相关评估报告，实现高校内部的自我检查、评价、调整和改进，提倡评估对象自评自测，以减少校外利益导向，促进评估工作易于实施。另一方面，创业教育评估方式具有可行性。由于创业教育具有明显的技术性和专业性，创业教育评估则应根据教学内容选取不同的方式进行切实可行的事实判断和价值判断，以探寻出其中真实的水平和状况。常用的评估方式包括观察法、评定法、访谈法、问卷调查法、量表测验法等。

二、创业教育评估指标体系

指标体系是评估的依据。以质量为本，遵循创业教育的特点与规律，构建科学合理的创业教育指标体系，是开展创业教育评估的核心环节。按照以上指标体系设立的原则，基于应用技术型人才培养的创业教育，应构建如下全面系统的指标体系（见表9—1）。

表9—1　基于应用技术型人才培养的创业教育评估指标体系[①]

评估项目	评估要素	评估要点
1. 定位与目标	1.1 创业教育定位	（1）创业教育方向、定位及确定依据 （2）创业教育定位在应用技术型人才培养体系中的体现

[①] 《教育部关于开展普通等学校本科教学工作的意见》，http://max.book118.com.

续表

评估项目	评估要素	评估要点
1. 定位与目标	1.2 创业教育目标	(1) 创业教育总目标及确定依据 (2) 不同专业创业教育目标、标准及确定依据
	1.3 创业教育在应用技术型人才培养体系中的地位	(1) 落实创业教育在应用技术型人才培养体系地位的政策与措施 (2) 创业教育在应用技术型人才培养体系中地位的体现与效果 (3) 学校领导对创业教育的重视情况
2. 师资队伍	2.1 数量与结构	(1) 教师队伍的数量与结构 (2) 教师队伍建设规划及发展态势
	2.2 教育教学水平	(1) 理论教师的专业水平与教学能力 (2) 创业指导教师的专业水平与教学能力
	2.3 教师教学投入	(1) 教授、副教授开展创业教育教学情况 (2) 教师开展创业教学研究、参与创业教学改革与建设情况
	2.4 教师发展与服务	(1) 提升教师教学能力和专业水平的政策措施 (2) 服务教师职业生涯发展的政策措施
3. 教学资源	3.1 教学经费	(1) 教学经费投入及保障机制 (2) 教学经费年度变化情况 (3) 教学经费在创业教育模块之间的分配方式、比例及使用效益
	3.2 教学设施	(1) 教学设施满足教学需要情况 (2) 教学、科研设施的开放程度及利用情况 (3) 教学信息化条件及资源建设
	3.3 各专业创业教育的培养方案	(1) 各专业开展创业教育的建设规划与执行 (2) 各专业创业教育方案的制订、执行与调整
	3.4 课程资源	(1) 课程建设规划与执行 (2) 课程的数量、结构及优质课程资源建设 (3) 教材建设与选用
	3.5 社会资源	(1) 合作办学、创业平台建设的措施与效果 (2) 共建教学资源情况

续表

评估项目	评估要素	评估要点
4. 培养过程	4.1教学改革	(1) 教学改革的总体思路及保障措施 (2) 创业教育模式、体制、机制改革 (3) 教学及管理信息化
	4.2课堂教学	(1) 教学大纲的制定与执行 (2) 教学内容对创业教育目标的体现，科研转化教学 (3) 教师教学方法，学生学习方式 (4) 考试考核的方式方法及管理
	4.3实践教学	(1) 实践教学体系建设 (2) 校外教学基地建设 (3) 第二课堂开展情况
5. 学生发展	5.1学生指导与服务	(1) 学生指导与服务的内容及效果 (2) 学生指导与服务的组织与条件保障 (3) 学生对指导与服务的评价
	5.2学风与学习效果	(1) 学风建设的措施与效果 (2) 学生学业成绩及综合素质表现 (3) 学生对自我学习与成长的满意度
	5.3创业与发展	(1) 学生成功创业率与职业发展情况 (2) 社会对创业者评价
6. 质量保障	6.1教学质量保障体系	(1) 质量标准建设 (2) 质量保障模式及体系结构 (3) 质量保障体系的组织、制度建设
	6.2质量监控	(1) 自我评估及质量监控的内容与方式 (2) 自我评估及质量监控的实施效果
	6.3质量改进	(1) 质量改进的途径与方法 (2) 质量改进的效果与评价
7. 创业教育特色	学校在开展创业教育方面比较成功的做法、措施、成效、改革与完善情况	

以上指标的设计，体现了创业教育评估的质量本位与效益取向，对每个评估项目、评估要素及评估要点所涉及的内容比较全面系统，为了便于理解与把

握，现做如下解读①：

（一）定位与目标

此项目含三个要素：创业教育定位，创业教育目标，创业教育在应用技术型人才培养中的地位。

定位与目标是创业教育的顶层设计，主要是指创业教育的目标定位、层次类型定位等。创业教育定位直接引领和统率创业教育各方面、各环节工作，对创业教育的开展与顺利实施有着十分重要的意义。

要素 1：创业教育定位

创业教育定位包含两个要点：创业教育方向、定位及确定依据，创业教育定位在应用技术型人才培养体系中的体现。

创业教育方向、定位主要看创业教育是否符合区域经济社会发展需要，是否符合学校自身发展实际，是否符合应用技术型人才培养目标。创业教育定位不是一个口号，要通过审阅学校教育事业发展规划、学科专业建设规划、师资队伍建设规划、校园建设规划、人才培养规划等材料，考察培养方案及培养过程，分析创业教育人才培养与应用技术型人才培养目标的符合度。

要素 2：创业教育目标

创业教育目标包含两个要点：创业教育总目标及确定依据，不同专业创业教育目标、标准及确定依据。

创业教育总目标反映了学校对创业教育质量的预期与追求，是学校开展创业教育的总纲，在学校创业教育工作中起统领作用。各专业应根据创业教育总目标制定具体的创业教育培养目标。某一专业的创业教育目标是该专业创业教育的总纲，是该专业开展创业教育教学活动的基本依据。各专业创业教育目标要与学校创业教育的定位及目标相符合，要与国家、社会及学生的要求与期望相符合。

要素 3：创业教育在应用技术型人才培养中的地位

创业教育在应用技术型人才培养中的地位包含三个要点：落实创业教育在应用技术型人才培养体系地位的政策与措施，创业教育在应用技术型人才培养体系中地位的体现与效果，学校领导对创业教育的重视情况。

要正确处理创业教育与应用技术型人才培养的关系，将二者融为一体，使二者协调发展。开展创业教育，要以教学为中心，要进一步明确创业教育在应

---

① 审核评估审核项目及要素释义，http://www.360doc.com.

用技术型人才培养中的地位，使创业教育的理论教学、实践教学与人才培养紧密对接。学校应在领导精力、师资力景、资源配置、经费安排和工作评价等方面体现对创业教育的重视程度。要进一步考察保障创业教育工作的具体政策措施及落实情况，考察职能部门服务于创业教育工作的情况，特别应关注师生对职能部门服务的满意度①。

（二）师资队伍

此项目包含四个要素：数量与结构，教育教学水平，教师教学投入，教师发展与服务。

要素1：数量与结构

数量与结构包含两个要点：教师队伍的数量与结构，教师队伍建设规划及发展态势。

教师是提高人才培养质量的源头，师资队伍的数量与结构是创业教育教学工作的基本保障。教师数量与结构应重点考察教师队伍的数量能否满足创业教育教学要求；师资队伍是否在年龄、学历、专业技术职务以及知识能力等方面结构合理，符合创业教育的定位，适应创业教育教学的需要，适应创业教育发展的需要；学校是否制订了师资队伍建设规划，根据创业教育发展需要，对师资队伍的数量与结构进行了合理规划，并得到有效落实。特别应该注意的是，在考察师生比时，不仅应看学校总体比例，更应分析各专业的满足度。应注意学校的整体师资队伍建设规划是否落实到每一个二级院系，是否落实到每一位教师，特别是青年教师身上。考察师资队伍不仅要看现状，也要看发展态势②。

要素2：教育教学水平

教育教学水平包含两个要点：理论教师的专业水平与教学能力，创业指导教师的专业水平与教学能力

理论教师是指专职从事创业教育教学工作的教师。理论教师教学水平应满足创业教育总目标的要求。外聘教师原则上应该有协议、有报酬，满足创业教育教学工作量要求。判断教师教学水平高低除听课之外，可分析教学内容、教学措施、培养方案和教学大纲的符合度，还要看在校学生和毕业生的满意度等多方面情况。

---

① 教育部关于开展普通等学校本科教学工作的意见，http://max. book118. com.
② 教育部关于开展普通等学校本科教学工作的意见，http://max. book118. com.

创业指导教师指从事创业教育实践教学的教师。创业指导对培养学生的创业能力很重要，创业指导教师要具备从事实践教学指导的资质和能力，达到创业教育实践教学的总体要求。应重点考察创业指导的实效性，考察学生对创业教育指导的满意度[①]。

要素3：教师教学投入

教师教学投入包含两个要点：教授、副教授开展创业教育教学情况，教师开展创业教学研究、参与创业教学改革与建设情况。

开展创业教育不仅要拥有一支数量充足、结构合理的教师队伍，而且教师还要能够自觉履行创业教育教学的基本职责，把主要精力投入到创业教育教学工作中。考察时应关注学校是否有保障及推动教授和副教授参与创业教育教学的机制和政策，是否有推动教师积极参加创业教育教学改革、课程建设和教材建设的措施，并取得比较好的效果。教师是否能正确处理教学与科研的关系，将科研资源及时转化为教学资源，将最新研究成果及学科前沿知识带进课堂。应该注意教师的主要精力是否投入到教学中，教师的主要精力是否投入到教学中，不仅取决于教师自身的责任感，而且取决于学校的政策导向，取决于科学合理的教师评价制度。教师开展教学研究、教学改革的建设情况，应重点考察教师的参与面和研究成果的应用情况[②]。

要素4：教师发展与服务

教师发展与服务包含两个要点：提升教师教学能力和专业水平的政策措施，服务教师职业生涯发展的政策措施。

考察"教师发展与服务"时应关注学校是否重视教师职业发展，满腔热情地关心教师、服务教师，努力改善教师的工作、学习、生活条件，为教师履行教书育人职责创造良好环境。"教师发展与服务"的政策措施主要考察以下几点：一是看学校对教师培养培训的重视程度，在组织机构和培训经费上是否有保障，是否采取"导师制""助教制"及社会实践等有效措施，全面提高青年教师教学能力和专业能力；二是看专业带头人培养和教学团队建设计划及成效；三是看是否采取有效措施促使教师脱产或在职"充电"，不断提升教师的业务水平[③]。

---

① 教育部关于开展普通等学校本科教学工作的意见，http://max.book118.com.
② 教育部关于开展普通等学校本科教学工作的意见，http://max.book118.com.
③ 教育部关于开展普通等学校本科教学工作的意见，http://max.book118.com.

（三）教学资源

此项目包含五个要素：教学经费，教学设施，各专业创业教育的培养方案，课程资源，社会资源。

要素 1：教学经费

教学经费包含三个要点：教学经费投入及保障机制，学校教学经费年度变化情况，教学经费在创业教育模块之间的分配方式、比例及使用效益。

教学经费是教学资源建设和日常教学运行的基本保障。考察此要素时应关注学校是否建立了保障教学经费优先投入的长效机制，确保教学日常运行支出占学校经常性预算内事业费与学费收入之和的合理比例。是否有保证教学经费投入应随着教育经费的增长逐年增长的机制。教学经费的分配是否科学合理，优先满足实践教学的需要。学校是否有强化经费管理的规范性措施，提高经费使用的效率。

创业教育教学经费可以理解为学校开展创业教育教学活动及其辅助活动而产生的支出，具体包括：教学教辅部门产生的办公费、印刷费、咨询费、邮电费、交通费、差旅费、出国费、维修（护）费、租赁费、会议费、培训费、专用材料费、劳务费、其他教学商品和服务支出（含学生活动费、教学咨询研究机构会员费、教学改革科研业务费、委托业务费等）。除此之外，学校在教学经费上的专项投入应注明[①]。

要素 2：教学设施

教学设施包含三个要点：教学设施满足教学需要情况，教学、科研设施的开放程度及利用情况，教学信息化条件及资源建设。

教学设施主要包括实践教学设施、课堂教学设施和辅助教学设施等。实践教学设施主要包括实习实训基地、创业平台等。课堂教学设施主要包括教室、语音室、计算机房等。辅助教学设施主要指与教学有关的公用设施，例如图书馆、校园网、体育场馆等。

考察此要素时应重点看学校的教学设施是否满足教学要求，学校是否有政策措施来推动教学设施利用率的提高，为学生自主学习、开展科研训练等提供更多的空间。同时，在考察实习场所的建设与利用时，要在数量达标的基础上，看设备利用率和伴随行业技术发展情况的设备更新率。对于图书资料，既

---

① 教育部关于开展普通等学校本科教学工作的意见，http://max.book118.com.

要考察数量，也要考察过时书籍淘汰情况和学生利用情况①。

要素 3：各专业创业教育的培养方案

各专业创业教育的培养方案包含两个要点：各专业开展创业教育的建设规划与执行；各专业创业教育方案的制订、执行与调整。

该要素主要从两个方面考察。一是看学校是否制定了各专业创业教育建设规划，是否有各专业开展创业教育的标准，是否有专业创业教育的动态调整机制。二是各专业创业教育的培养方案反映的创业教育与人才培养的目标要求，不应随意变动，有相应的稳定性，特别应关注实践教学的要求是否达到了创业教育目标要求②。

要素 4：课程资源

课程资源包含三个要点：课程建设规划与执行，课程的数量、结构及优质课程资源建设，教材建设与选用。

课程资源包括课程教材以及网络资源、学科与科研资源等辅助教学资源。这是进行课堂教学及其他教学活动的"软"基础。应关注学校是否加强了课程资源建设，是否有课程建设规划及建设标准，是否有措施，是否有经费，是否有成效，是否开发了一批优秀课程与教材，以及是否形成了与创业教育培养目标相适应的、内容丰富的高水平教学资源。学校是否开设了充足的创业教育课程供学生学习，必修、选修等课程比例是否合理。需要注意的是，课程不仅包括理论教学，还包括实践课程；教材选用并不是获奖的教材都适用，关键要适应本专业创业教育的培养目标，要有科学的教材评价和质量监管机制③。

要素 5：社会资源

社会资源包含两个要点：合作办学、创业平台建设的措施与效果，共建教学资源情况。

社会资源是学校教学资源的重要补充，吸收社会资源的能力也在一定程度上反映出学校办学水平和服务社会的水平。社会资源主要包括从社会（含政府）吸收来的，能服务于人才培养工作的人、财、物（含场所等）、政策等教育资源。考察此要素时应重点关注学校是否有整体推进措施，积极开拓和有效利用社会资源；是否积极开展合作办学、合作育人、共建教学资源等工作，为学校人才培养和提升创新能力提供更多资源④。

---

① 教育部关于开展普通等学校本科教学工作的意见，http://max.book118.com.
② 教育部关于开展普通等学校本科教学工作的意见，http://max.book118.com.
③ 教育部关于开展普通等学校本科教学工作的意见，http://max.book118.com.
④ 教育部关于开展普通等学校本科教学工作的意见，http://max.book118.com.

（四）培养过程

此项目包含三个要素：教学改革，课堂教学，实践教学。

要素1：教学改革

教学改革包含三个要点：教学改革的总体思路及政策措施，创业教育人才培养模式、体制、机制改革，教学及管理信息化。

提高教学质量必须深化教学改革，强化教学研究。对教学改革的考察应关注学校是否形成了符合创业教育要求的、目标清晰的教学改革思路，并制订相应的计划予以落实；学校是否将教学改革作为提高创业教育教学质量的重要推动力，将教学改革贯穿于创业教育的全过程，将教学改革与研究变成广大教学工作者的自觉行为；学校是否大力推进创业教育人才培养模式、教学模式和教学管理模式改革，并取得了显著的效果，能发挥示范作用，推动教学质量的不断提升。当前应特别关注学校对有关创业教育文件的精神落实情况，关注教师参与教学改革的参与面[①]。

要素2：课堂教学

课堂教学包含四个要点：教学大纲的制定与执行；教学内容对创业教育目标的体现，科研转化教学；教师教学方法，学生学习方式；考试考核的方式方法及管理。

课堂教学是学校创业教育的主渠道，是提高创业教育教学质量的关键环节。考察此要素应关注学校是否对创业教育每门课程都制定了课程大纲，并能够严格执行，各门课程的教学内容是否能服务于创业教育目标；学校是否积极促进科研成果转化为教学内容，做到科研服务于教学；是否重视备课、讲授、讨论、作业、答疑、考试等各个环节的质量；是否落实了高教三十条提出的推进教学方法创新的要求，课堂教学中是否体现了以学生学习为中心，是否积极推进教学方法与手段以及考试评价方法的改革。此外，还应重视多媒体课件的使用效果评价，充分发挥网络优质教学资源的作用，提高教学质量[②]。

要素3：实践教学

实践教学包含三个要点：实践教学体系建设，校外教学基地建设，第二课堂开展情况。

对实践教学的考察应关注学校是否有完整的实践教学体系，实践教学体系

---

① 教育部关于开展普通等学校本科教学工作的意见，http://max.book118.com.
② 教育部关于开展普通等学校本科教学工作的意见，http://max.book118.com.

设计是否符合创业教育要求，教学计划和相关的课程是否能保持协调一致、相辅相成的关系。

校外教学基地的考察应关注产教融合、学校与企业共建创业平台的情况，关注创业平台对促进学生提升创业能力的效果与关联度。

第二课堂是指培养方案中所规定的主要教学环节以外的其他教育教学环节。考察此要素应重点关注学校是否建立并完善了第一课堂与第二课堂紧密结合的创业教育体系，积极支持各种类型健康向上的学生社团和俱乐部建设，开展丰富多彩的课外活动；学校是否注重建设美丽的校园环境和浓郁的创业校园文化，使学生受到良好的感染、熏陶和激励；是否充分利用学科和科研资源，为学生提供研究的环境，支持学生开展课外科技活动；是否采取有效措施，引导学生积极投身社会实践；考察第二课堂的效果主要看内容是否丰富多彩，对提高学生创业综合素质是否起到了积极作用，学生参与面是否广泛。学生评价应该是检验效果的主要依据①。

（五）学生发展

此项目包含三个要素：学生指导与服务，学风与学习效果，创业与发展。

要素 1：学生指导与服务

学生指导与服务包含三个要点：学生指导与服务的内容及效果，学生指导与服务的组织与条件保障，学生对指导与服务的评价。

优质的指导和服务体现了以学生为本的思想。考察此要素时应关注学校是否关心每个学生，把促进学生健康成长作为学校一切工作的出发点和落脚点；学校是否建立了完善的创业指导与帮扶体系；学校是否采取了有效措施鼓励广大教师积极参与学生指导，关爱学生，形成教师与学生的交流沟通机制。学生服务还应考察学生创业教育指导的服务机构与服务质量，了解学生的满意度；学校是否建立了毕业生跟踪调查机制，通过毕业生跟踪调查，了解创业教育质量，促进创业教育调整和教学改革②。

要素 2：学风与学习效果

学风与学习效果含三个要点：学风建设的措施与效果，学生学业成绩及综合素质表现，学生对自我学习与成长的满意度。

学风是学生群体中个人在对知识、能力的渴求过程中表现出来的带有相向

---

① 教育部关于开展普通等学校本科教学工作的意见，http://max.book118.com.

② 教育部关于开展普通等学校本科教学工作的意见，http://max.book118.com.

性、稳定性的治学态度、学习方法和行为，是学生内在学习态度和外在学习行为的综合表现。学校应有规章制度、组织保障等有效措施加强学风建设，形成充分调动学生自主学习的机制、环境和氛围。对学风的考察应特别关注学校是怎样调动多数学生的学习积极性的，这是检验政策与措施的主要依据。

学习效果体现在学生的学业成绩和综合素质的提升上。主要考察学生创业意识的形成情况和对创业知识、创业技能的掌握情况。应关注创业成功学生的比例、成功经验以及创业历程。

学生对自我学习与成长的满意度主要考察学校是否能够明确学生在教学中的主体地位，充分发挥学生的主体作用，重视学生对自我学习和成长的感受，建立学生对自我学习和成长的评价机制，以此作为推动学校改进创业教育教学工作、提高教学质量的重要手段[①]。

要素3：创业与发展

创业与发展包含两个要点：学生成功创业率及职业发展情况，社会对创业者的评价。

学生成功创业率及职业发展情况是学校创业教育质量的窗口，反映了学校创业教育工作被社会认可的程度。对此要素应考察学校采取了哪些有效措施来推动创业工作，创业率、创业质量如何；学校是否建立了针对创业学生的跟踪、反馈机制。创业质量可以从以下几方面考察：一是了解创业情况，创业面向是否符合培养目标的要求。二是创业领域与所学专业相关性如何（专业对口程度）。三是创业适应性与发展机遇如何（2—3 年后的状况）。四是社会的评价[②]。

（六）质量保障

此项目包含三个要素：教学质量保障体系，质量监控，质量改进。

要素1：教学质量保障体系

教学质量保障体系包含三个要点：质量标准建设，质量保障模式及体系结构，质量保障体系的组织、制度建设。

教学质量保障体系是指学校以提高和保证教学质量为目标，运用系统方法，依靠必要的组织结构，把学校各部门、各环节与教学质量有关的质量管理活动严密组织起来，在教学和信息反馈的整个过程中将影响教学质量的一切因

---

① 教育部关于开展普通等学校本科教学工作的意见，http://max.book118.com.
② 教育部关于开展普通等学校本科教学工作的意见，http://max.book118.com.

素控制起来，从而形成的一个有明确任务、职责、权限、相互协调、相互促进的教学质量管理有机整体。各学校质量保障体系可以结合本校实际情况采取不同模式，但以下共同规律在考察时应予以注意：一是学校确定了创业教育目标和质量标准；二是学校提供了相应的人、财、物条件保障；三是学校有组织保障机构；四是学校有效开展了自我评估和质量监控，及时收集教学信息；五是学校能及时反馈信息，调节改进工作。

考察此要素时，首先，关注学校是否建立了科学合理的创业教育培养方案，是否建立了理论教学、实验教学、考试考核各主要环节的质量标准。其次，关注学校是否有质量保障的组织机构，有满足要求的质量管理队伍。再次，还应关注学校是否建立了完善的教学管理制度，并有效落实到实际工作中。

要素 2：质量监控

质量监控包含两个要点：自我评估及质量监控的内容与方式，自我评估及质量监控的实施效果。

质量监控是质量保障体系最重要的内容之一。考察此要素时主要关注学校是否建立了完善的教学管理规章制度和教学质量监控机制，对主要教学环节的教学质量实施了有效监控；是否建立了一支高水平的教学督导队伍，对日常教学工作进行检查、监督和指导；是否建立了完善的评教、评学制度；是否定期围绕创业教育工作开展了自我评估，特别应注重教师和学生对教学工作的评价，注重学生学习效果和教学资源使用效率的评价，注重社会对创业教育质量的评价。规章制度建设不仅应关注规范管理制度，还应特别关注激励制度建设[①]。

要素 3：质量改进

质量改进包含两个要点：质量改进的途径与方法，质量改进的效果与评价。

质量改进是针对目前教学质量存在的问题、薄弱环节和未来可能出现的问题，采取有效的纠正与预防措施，达到持续改进质量的目的。缺少质量改进这个环节就不能形成完整的质量保障体系。考察此要素时，重点看学校是否有组织机构负责质量监控，推动改进工作；是否有政策和经费保障质量；是否有推进质量改进的合适途径和有效方法，使改进工作得以落实，使质量保障体系能

---

① 教育部关于开展普通等学校本科教学工作的意见，http://max.book118.com。

够完整有效地运行，形成质量保障的长效运行机制①。

（七）创业教育特色项目

在常规的评估指标之外，创业教育评估也可以专门设置特色项目，体现每个学校的特殊情况，这也体现了创业教育评估的开放性，体现了创业教育评估充分尊重学校办学自主权、鼓励高校办出特色创业教育的指导思想。特色项目应该详细说明学校是怎样做的、这样做的目的是什么、效果怎么样、今后如何进一步改进和提高等②。

对于以上评估指标，需要说明以下几点：

1. 评估指标体现了开放性

创业教育评估指标体系中的每个评估项目都包含若干评估要素，每个评估要素都包含若干个评估要点。需要强调的是，对某个评估项目的考察，绝不仅限于对所列评估要素的判断；对某个评估要素的考察，也绝不仅限于对所列评估要点的判断，可以针对创业教育的具体情况，对评估要素或评估要点进行添加、裁减与替换。在面对繁杂的教学工作时，对评估项目的考察并不能仅限于该指标下的评估要素和评估要点，还需要其他内容来支撑考察，因此对某个具体考察项目而言，评估要素和评估要点是它的必要条件，但不是充分条件。为了能对培养目标的符合度与达成度做出更加准确的判断，需要多少个什么样的评估要素或评估要点，取决于考察问题的途径与视角。

2. 评估指标体现了关联性

创业教育评估的评估项目、评估要素、评估要点是一个整体。这些内容都是高校创业教育工作应该涉及的核心内容。哪一部分内容都不可或缺。评估项目、评估要素、评估要点所包含的内容体现了创业教育工作的系统性。需要强调的是：评估项目包含评估要素，评估要素包含评估要点，但是评估要素和评估要点不仅包含这些内容，还可以拓展。评估指标体系中三个层次之间的这种关系，决定了对创业教育的评估应该从上而下进行，既要考察某一评估项目，也应关注评估项目（评估要素）之间的横向关系。

3. 评估指标体现了实证性

创业教育评估是以事实为依据的同行评审过程，用问题引导，用事实和数

---

① 教育部关于开展普通等学校本科教学工作的意见，http://max.book118.com.
② 教育部关于开展普通等学校本科教学工作的意见，http://max.book118.com.

据说话。但数据不仅指的是具体数字，还包括事实和信息来源，信息来源是对事实和数据的证明。专家组在对学校做出诊断的时候，也会更加关注这些事实性的支撑，强调"举例说明"①。

第三节　构建应用取向的创业教育评估方式

创业教育评估不仅需要构建创业导向的创业教育评估目标、构建质量本位的创业教育评估指标体系，还应构建应用取向的创业教育评估方式，本节主要从体制机制、评估方式两个方面分析如何构建应用取向的创业教育评估方式。

一、完善体制机制

高校开展创业教育，目的在于培养创业型人才，应用技术类型高校应将创业教育融入应用技术型人才培养的全过程。通过构建适宜的领导体制与机制，推进创业教育沿着正确的轨道进行。为确保创业教育的质量与水平，应用技术类型高校应加强对创业教育的评估，建立健全开展创业教育评估的体制机制。

（一）专业化的评估机构

创业教育评估需要专业化的评估机构。所谓专业化的评估机构，一是指评估机构设置规范。机构内部制度健全，职责分明，业务关系明确。人员配备合理，各岗位人员既有明确分工，又相互配合，具有合作精神与创新精神。经费支持充分，能够保障比较顺利地开展具体工作。二是指人员配备结构合理。从负责人的角度来讲，评估机构的负责人应该具备创业教育的理论研究基础和实践管理经验，具有较强的分析能力、决策能力和问题解决能力，具有组织专家高水平开展创业教育评估的能力；从机构内部人员来讲，个体能够熟悉创业教育的特点与规律，具备相关的教育学、社会学、管理学等多学科基础，具有创业教育工作经验，能够比较熟练地开展创业教育评估工作。

---

① 教育部关于开展普通等学校本科教学工作的意见，http://max.book118.com.

（二）多元化的评估主体

创业教育评估涉及的内容广、头绪多、任务重，它既与人才培养质量评估有一定关联，又具有相对独立性，因此，对创业教育进行评估，评估主体具有多元化的特点。一是学校自我评估。学校是实施创业教育的主体，学校是创业教育评估的主体力量①。就应用技术类型高校而言，学校应定期对创业教育、创业教育融入应用技术型人才培养状况进行自我评估，评估的成员包括管理人员、教学人员、学生。二是政府机构评估。学校的主管部门应加强对创业教育评估的指导与实施，确保创业教育评估的客观公正与有效性，针对评估中发现的问题，提出整改意见建议，在尊重高校独立性的基础上，采用多渠道信息采集手段对高校自评进行可信度分析或策略调整。三是企业协助评估。企业是创业教育的参与者、实施者，企业参与创业教育评估具有重要意义，企业要针对创业教育情况，结合企业经营状况，对高校开展创业教育进行客观分析，提出问题解决的办法措施，更好地服务创业教育的开展。

（三）规范化的评估制度

创业教育评估是一项系统工程，为确保评估的客观性、真实性、有效性，创业教育评估需要加强制度建设。一是完善创业教育评估的内容。创业教育不同于其他类型教育的显著特点是层次性、立体化，在制度建设上，创业教育评估要遵循创业教育的这些特点与规律，有序开展。所谓层次性，是指创业教育具有明显的阶段性，在课程、模式、成效上遵循从低级到高级的逻辑过程，各过程之间相互衔接又自成体系，培养目标各有侧重；所谓立体化，是指创业教育作为人才培养的一种形式，它与其他类型人才培养模式相互区别又相互联系，是综合性的教育模式，创业教育可以借助其他类型教育的基础与优势，又可以为其他类型教育提供支撑。二是完善创业教育评估的环节。基于以上创业教育的特点与规律，创业教育评估的环节也具有复杂性、综合性，不是单一的主线，也不能从单一的方面进行评估，往往具有非线性、非对称的性质，创业教育评估要遵从这些特点，在制度建设上加以合理设计，提高创业教育评估的质量与水平。

---

① 李虹. 高校创业教育质量保障与评估体系设计研究［J］.实验技术与管理，2011，(11).

二、创新评估方式

创业教育的目的在于培养学生的创业意识、创业综合素质和创业能力，对创业教育进行评估，主要考察创业教育对于这些指标的达成情况，达到进一步提高的目的。这些指标各具特点，不能按照统一的方式进行评估，需要区别对待，有针对性地采取评估手段，创新评估方式，达到评估的预期目的。

（一）创业教育评估方式应体现多样性

创业教育模式的复杂性决定了创业教育评估方式的多样性。应用技术背景下的创业教育在于培养大学生的创业意识、创业精神、创业能力与创业品质[①]，最终培养出应用操作能力强的创业型人才，因此，创业教育评估的具体内容也应围绕创业意识、创业精神、创业能力与创业品质而展开，是综合性的过程，对每一种指标的评估是不同的，任何一种评估方式也不是万能的，因此，对创业教育的评估要体现多样性，采取不同的手段与措施，更好地体现创业教育评估的效果。没有任何一种评估方式是万能的，它需要在不同的创业教育评估阶段灵活使用，常见的评估方式包括模糊综合评判法、定量评估（例如标准测验、问卷调查、实验研究等）与定性评估（例如访谈、观察、座谈、现场考察、个案研究等）、静态评估与动态评估、相对评估与绝对评估、分析评估与综合评估、形成性评估与总结性评估。

（二）创业教育评估方式应体现针对性

围绕创业教育的主要内容，应采取有针对性的评估方式，体现评估的针对性，这里主要选择有代表性的几个环节，分析其评估的主要维度与观测点。

1. 对创业意识的评估

大学生的创业意识包括创业思想、创业品质、创业智能、创业主体意识和迎战风险意识[②]、创业信心和创业理念几个方面。对创业意识的评估，主要应观测以下主要维度[③]（见表 9-2）。

---

① 李虹. 高校创业教育质量保障与评估体系设计研究 [J]. 实验技术与管理，2011，(11).
② 李虹. 高校创业教育质量保障与评估体系设计研究 [J]. 实验技术与管理，2011，(11).
③ 李虹. 高校创业教育质量保障与评估体系设计研究 [J]. 实验技术与管理，2011，(11).

表 9-2　创业意识评估的主要维度

创业意识	主要载体（观测点）
创业思想	人生观，价值观，创业信心和信念，集体意识，团队观念
	创业大赛，创业活动
	创业课程学习，自觉阅读创业有关的政策文件，主动听取讲座，工作计划与总结，筹措资金
	活动的组织与主持，独创性设计，参加科研或创新项目
	实事求是精神
尝试意识	创业设计各类大赛
	独创性设计，参加课外创业活动的效果
	与教师定期交流，与企业交流，与学生的关系，与顾客的交流，志愿者活动

2. 创业能力评估

大学生创业能力的内容主要有创新思维能力、社会交往能力、实践操作能力、自我认知能力、承受挫折和心理调适能力、市场运作能力和专业技术能力[1]，等等，对创业能力的评估，应重点观测以下主要维度[2]（见表 9-3）。

表 9-3　创业能力评估的主要维度

创业能力	主要载体（观测点）
实践操作能力	对学生参加过的创业活动的企业进行访问、调查
	创业特长技能展示
	组织参加各类比赛情况
市场运作能力	政策文件的学习
	基地创业情况
	创业策划

3. 对创业项目的绩效评估

创业项目是创业活动的主要载体，大学生开展创业项目的研究、设计与实

---

[1] 李虹. 高校创业教育质量保障与评估体系设计研究［J］. 实验技术与管理，2011，(11).
[2] 李虹. 高校创业教育质量保障与评估体系设计研究［J］. 实验技术与管理，2011，(11).

施，对于创业能力的培养具有重要作用，对创业项目的评估应重点观测以下维度[①]（见表9-4）。

表9-4　创业项目评估的主要维度

创业项目	主要观测点
创新点、挑战性	项目新颖性、难度
应用性、可行性	创业方案设计
	创业方案实施
	项目成果转化
影响力	参赛类别、媒体关注度
	创建企业情况
	创业规模
	社会评价
	成果对教学改革的促进作用

---

① 李虹. 高校创业教育质量保障与评估体系设计研究［J］.实验技术与管理，2011，(11).

参考文献

著作类

［1］中国社会科学研究院语言研究所．现代汉语词典［M］.北京：商务印书馆，2012.

［2］周伟民，吕长春，译．创业学［M］.北京：人民邮电出版社，2005.

［3］彭纲．创业教育学［M］.南京：江苏教育出版社，2001.

［4］熊萍．职业生涯规划［M］.长沙：中南大学出版社，2010．05.

［5］余忠钦．创业教育导论［M］.北京：中央民族大学出版社，2007.

［6］关冬梅．创业技能［M］.北京：清华大学出版社，2008.

［7］刘国钦，等．高校应用型人才培养的理论与实践［M］.北京：人民出版社，2007.

［8］谢志远，等．大学生创业教育转型发展研究［M］.杭州：浙经大学出版社，2012.

［9］约瑟夫•熊彼特．经济发展理论［M］.何畏等译．北京：商务印书馆，1997.

［10］姚本先．大学生心理健康教育［M］.合肥：北京师范大学出版集团安徽大学出版社，2012.

［11］石伟平．比较职业教育［M］上海：华东师范大学出版社，2001.

［12］顾明远．教育大辞典．上海：上海教育出版社，1992.

［13］赫伯特•斯宾塞著．张雄武译．第一项原理．北京：商务印书馆，2007.

［14］夏征农，陈至立．辞海缩印版本（第六版）.上海：上海辞书出版社，2009.

［15］袁振国．缩小差距：中国教育政策的重大命题［M］.北京：人民教育出版社，2005.

［16］张项民．创业教育与专业教育耦合研究［M］.北京：科学出版

社，2013.

　　[17] 李志能，郁义鸿，Robert. D. Hisrich. 创业学［M］.上海：复旦大学出版社，2000.

　　[18] 谢一凤. 我国高校创业教育与创业实践研究［M］.成都：西南财经大学出版社，2007.

　　[19] 李莉丽，龙希利等. 我国大学创业教育运行机制研究［M］.济南：山东大学出版社，2009.

　　[20] 宋克勤. 创业成功学［M］.北京：经济管理出版社，2002.

　　[21] 史华柄，周文健，张成铭. 校园文化学［M］.北京：北京医科大学、中国协和医科大学联合出版社，1993.

　　[22] 欧阳峣，蒋璟萍，胡明宝. 大学生创业教育的理论与实践［M］.北京：知识出版社，2002.

　　[23] 寇尚乾. 省属地方高校转型发展研究［M］.成都：四川大学出版社，2016.

论文类

　　[1] 马维娜. 创业教育课程内容介绍［J］.上海教育科研，2012.

　　[2] 李亚员，李健，冯鑫. 中国创业教育的发端、演进与展望［J］.高校教育管理，2017，(3).

　　[3] 刘坤，李继怀. 创新创业教育本质内涵的演变及其深化策略［J］.黑龙江高教研究，2016 (1).

　　[4] 曾水英. 创新创业教育：当代中国同等教育发展的新内容：我国高校创新创业教育内涵与关系理论争论状况分析［J］.黑龙江高教研究，2009 (10).

　　[5] 宇文利，杨席宇. 马克思恩格斯"人与环境"关系论及其思想政治教育应用［J］.思想教育研究，2016，(5).

　　[6] 胡晓风，姚文忠，金成林. 创业教育简论［J］.四川师范大学学报，1989 (4).

　　[7] 周海萍，寇尚乾. 论地方高水平特色大学的学科专业建设［J］.攀枝花学院学报，2011 (5).

　　[8] 方建强，陆淑娟. 美日高校创业教育的特征与差异分析［J］.高教探索，2014 (5).

　　[9] Bygrave W. D. Hofer C. W. Theorising about Entrepreneurship［J］. Entrepreneurship Theory andPractice，1991. (14).

［10］Busenitz. LoweII W. West III G. P . Dean Shepherd. Teresa NeIson. GayIen N. ChandIer. Andrew. Zacharakis . Entrepreneurship Research in Emergence：Past Trends and Future Directions ［J］. JournaI of Management. 2003. （29）.

［11］Bruyat C. JuIien P. Defining the FieId of Research in Entrepreneurship ［J］. JournaI of Business Venturing. 2000，（16）.

［12］Low M. B. MacMiIIan I. C. Entrepreneurship：Past. Research and Future ChaIIenge ［J ］. JournaI of Management，1988. （14）.

［13］Hoang Ha. Antoncic，Bostjan. Network － based. Research in Entrepreneurship：A CriticaI Review ［J］. JournaI of Management. 2003. （18）.

［14］徐世平，等. 国外高校创新创业教育研究述评：兼论我国高校创新创业教育的路径探索 ［J］曲靖师范学院学报. 2016 （3）.

［15］李慧勤，郭晓静. 国外创新教育的发展及对我国的启示 ［J］. 中国地质教育，2005 （3）.

［16］郭伟等. 浅议创新教育、创业教育与创新创业教育的产生和内涵 ［J］. 教育管理，2016 （11）.

［17］张云. 高等学校个性化教育体系的构建. 南京林业大学学报（人文社会科学版），2008，8 （4）.

［18］陈年友，周常青，吴祝平. 产教融合的内涵与实现途径 ［J］. 中国高校科技，2014 （8）.

［19］陈年友，周常青，吴祝平. 产教融合的内涵与实现途径 ［J］. 中国高校科技，2014 （8）.

［20］罗汝珍. 市场经济背景下高等职业教育产教融合机制研究 ［J］. 教育与职业，2014 （7）.

［21］刘立新. 德国职业教育产教融合的经验对我国启示 ［J］. 中国职业技术教育. 2015 （30）.

［22］杨敏. 简论英国现代学徒制及对我国职业教育的启示 ［J］. 中国职业技术教育. 2010 （18）.

［23］张玉林. 分级办学制度下的教育资源分配与城乡教育差距：关于教育机会均等问题的政治经济学探讨 ［J］. 中国农村观察，2003 （1）.

［24］孟庆国. 应用技术大学办学现实性与特色分析 ［J］. 职业技术教育，2014，（10）.

［25］李玉静．走有中国特色的应用技术大学发展之路［J］.职业技术教育，2014（10）．

［26］王维坤，温涛．应用技术大学：新建本科院校转型发展的现状、动因与路径［J］.现代教育管理，2014（07）．

［27］黄淮学院．适应需求、主动转型、积极探索应用技术大学办学之路［J］.职业技术教育，2014（18）．

［28］袁礼．地方本科院校转型中的几大问题及其危险［J］.西南交通大学学报（社会科学版），2014（05）．

［29］王丹中．基于战略视角的应用技术大学发展路径：兼论当前应用技术大学发展中亟需关注的若干问题［J］.教育发展研究，2014（17）．

［30］董立平．地方高校转型发展与建设应用技术大学［J］.教育研究，2014（08）．

［31］胡天佑．应用技术大学面临的理论与实践问题［J］.高校教育管理，2014（06）．

［32］魏萍．向应用技术大学转型的挑战与对策［J］.教育评论，2014，（12）．

［33］刘彦军．中国特色应用技术大学：内涵、外延、路径与展望［J］.职业技术教育，2014（31）．

［34］王鑫，温恒福．新建本科院校向"应用技术大学"转型发展的模式及要素分析［J］.教育科学，2014（06）．

［35］孙泽文，刘文帆．地方本科院校向应用技术大学转型研究［J］.教育与职业，2015（05）．

［36］张元宝，宋瑾瑜．应用技术大学背景下新建地方本科院校转型发展研究［J］.中国成人教育，2015（06）．

［37］张祺午．地方本科院校转型：政策、实践与研究［J］.职业技术教育，2015（12）．

［38］陈斌．地方本科院校向应用技术大学转型SWOT分析［J］.职业技术教育，2015（12）．

［39］侯长林，罗静，叶丹．应用型大学视域下新建本科院校办学定位选择［J］.职教论坛，2015（19）．

［40］孙泽文．应用技术大学发展动因与运行机制探寻［J］.职业技术教育，2015（13）．

［41］左远志．应用技术大学发展：挑战、机遇与对策［J］.职业技术教

育，2015（13）.

[42] 汪大喹. 关于地方高校转型发展的思考：基于中外应用技术型大学比较研究的视角［J］.教育探索，2015（07）.

[43] 孙粤文. 新常态下地方普通本科高校转型应用技术类高校论析［J］.高等农业教育，2015（06）.

[44] 许祥云，钱宇航，陈方红，李冬妮. 应用技术大学：地方本科院校转型发展的战略选择［J］.职教论坛，2015（22）.

[45] 张元宝，宋瑾瑜. 应用技术大学：新建本科院校二次转型路径探索［J］.中国成人教育，2015（19）.

[46] 魏静，魏延辉. 应用科技大学的研发与创新：欧洲经验［J］.职教论坛，2015（33）：87-91.

[47] 邱有华. 转型背景下地方高校创业教育体系构建［J］.教育发展研究，2015（01）.

[48] 黄兆信，王志强. 论高校创业教育与专业教育的融合［J］.教育研究，2013（12）.

[49] 黄兆信，王志强，刘婵娟. 地方高校创业教育转型发展之维［J］.教育研究，2015（02）.

[50] 杨晓慧. 我国高校创业教育与创新型人才培养研究［J］.中国高教研究，2015（01）.

[51] 倪好. 高校社会创业教育的基本内涵与实施模式［J］.高等工程教育研究，2015（01）.

[52] 梅伟惠，徐小洲. 中国高校创业教育的发展难题与策略［J］.教育研究，2009（04）.

[53] 方伟. 高校创业教育的现状、问题及发展对策［J］.现代教育管理，2013（07）.

[54] 周营军. 我国高校创业教育面临的问题及对策研究［J］.郑州大学学报（哲学社会科学版），2010（01）.

[55] 黄兆信，赵国靖，唐闻捷. 众创时代高校创业教育的转型发展［J］.教育研究，2015（07）.

[56] 桑大伟，谢富纪. 中国高校创业教育现状分析及对策研究［J］.现代管理科学，2010（04）.

[57] 陈瑞英，顾征. 新世纪日本高校的创业教育：现状与课题［J］.高等工程教育研究，2010（02）.

［58］王锋. 我国高校创业教育的现状、问题与路径选择［J］.理论导刊，2011（01）.

［59］黄兆信. 论高校创业教育转型发展过程中的几个核心问题［J］.兰州大学学报（社会科学版），2014（06）.

［60］宋斌，王磊. 高校创业教育的现状、问题及对策［J］.教育发展研究，2011（11）.

［61］刘影，赵志军. 论构建与实施高校创业教育体系［J］.中国高教研究，2006（01）.

［62］李文英，王景坤. 澳大利亚高校创业教育模式探析［J］.比较教育研究，2010（10）.

［63］梅伟惠. 欧盟高校创业教育政策分析［J］.教育发展研究，2010（09）.

［64］李家华，卢旭东. 把创新创业教育融入高校人才培养体系［J］.中国高等教育，2010（12）.

［65］谢丽丽. 二十一世纪日本高校的创业教育及其启示［J］.高教探索.2010（06）.

［66］刘月秀. 生态系统视域下美国高校创业教育探析［J］.中国高等教育，2012（10）.

［67］刘帆，王立军，魏军. 美国高校创业教育的目标、模式及其趋势［J］.中国青年政治学院学报，2008（04）.

［68］唐智彬，石伟平. 当前高校"创业教育热"的冷思考［J］.教育与职业，2009（36）.

［69］陈池. 对"大众创业、万众创新"环境下高校创业教育热的思考［J］.教育探索，2015（10）.

［70］陈冲，钱逸昀. 中国、荷兰、比利时高校创业教育比较研究［J］.高等农业教育，2012（02）.

［71］胡涛. 当前高校创业教育的问题与对策研究［J］.教育与职业，2011（03）.

［72］朱春楠. 韩国高校创业教育动因及特色分析［J］.外国教育研究，2012（08）.

［73］季学军. 美国高校创业教育历史演进与经验借鉴［J］.黑龙江高教研究，2007（02）.

［74］李洪雄. 美国高校创业教育的成功经验及其启示［J］.西南民族大学

学报（人文社会科学版），2011（03）.

[75] 商应美. 高校创业教育的观念转变及战略对策研究［J］. 国家教育行政学院学报，2013（03）.

[76] 温雅. 我国高校创业教育的现状、问题及完善：基于 25 所高校《2014 年毕业生就业质量报告》的分析［J］. 江西社会科学，2015（03）.

[77] 张鹤. 高校创新创业教育研究：机制、路径、模式［J］. 国家教育行政学院学报，2014（10）.

[78] 徐小洲，李娜. 印度高校创业教育发展动因与模式［J］. 比较教育研究，2013（05）.

[79] 朴钟鹤. 韩国高校创业教育发展与创新：以五所"创业研究生院"为例［J］. 比较教育研究，2013（05）.

[80] 刘碧强. 英国高校创业型人才培养模式及其启示［J］. 高校教育管理，2014（01）.

[81] 罗涤，高微，赖炳根. 澳大利亚高校创业教育分析及其启示［J］. 重庆大学学报（社会科学版），2012（02）.

[82] 杨德东，张颖举. 美国高校创业教育发展对我国的启示［J］. 学校党建与思想教育，2011（31）.

[83] 杨同军. 美国硅谷地区高校创新创业教育的启示［J］. 中国成人教育，2015（04）.

[84] 段雪辉. 美国高校创业教育模式分析［J］. 前沿，2011（06）.

[85] 何润宇，高俊山. 瑞典创业教育的特点及其对我国高校创业教育的启示［J］. 中国人力资源开发，2008（10）.

[86] 刘旻华，刘杨华. 英美高校创业教育的实践与借鉴［J］. 求索，2012（04）.

[87] 陈文，赖炳根，关福远. 德国高校创业教育特点及启示［J］. 学校党建与思想教育，2012（28）.

[88] 杨秋宁. 德国高校创业教育的特点及启示［J］. 人民论坛，2014（32）.

[89] 史堃. 日本高校创业教育思考［J］. 中国成人教育，2014（16）.

[90] 罗汝珍. 职业教育产教融合政策的制度学逻辑分析［J］. 职业技术教育，2016（16）.

[91] 刘建湘，周劲松. 中部地区高职院校校企合作机制创新的研究田湖南工业［J］. 职业技术学院学报，2014（04）.

［92］王锦斌，林金辉．构建大学生创业教育和创业环境的保障机制［J］．高教与经济，2010，（06）．

［93］刘建凤．我国高校创业教育存在的问题及持续发展对策［J］．中国电力教育，2012，（04）．

［94］蔡宗模．试论我国高校创业教育模式的构建［J］．重庆高教，2010，（03）．

［95］张文铁．大学生创业教育课程体系的构建：以地方普通本科院校为例［J］．重庆三峡学院学报，2012，（06）．

［96］付丽和．大学生创业教育课程体系构建的探讨［J］．赤峰学院学报（自然科学版），2014．（01）．

［97］陈加林，范登峰，"实践型"创业教育模式初探［J］．济南职业学院学报，2008（01）．

［98］杨润叶．大学生创业教育的目标定位与实现途径研究［J］．湘潮（下半月），2008（12）．

［99］时全丽．浅论高校创新创业教育目标定位的原则与内容［J］．常州信息职业技术学院学报，2012，11（06）．

［100］杨益彬．高校创新创业教育三层次培养目标与教育原则［J］．常州继续教育研究，2013，（04）．

［101］高淑红．高职院校创业教育评价机制研究［J］．江苏技术师范学院学报，2010，16（02）．

［102］陈加林，范登峰．"实践型"创业教育模式初探［J］．济南职业学院学报，2008，（01）．

［103］吴钦春．地方应用型本科院校财经人才创业教育模式研究［J］．安阳工学院学，2012，11（01）．

［104］刘海梅．地方本科院校应用型创新创业人才培养探究［J］．社科纵横，2013（28）．

［105］胡明宝，王再新，王化，张云．高职高专创业教育的内容与教育模式［J］．湖北社会科学教育论丛，2006，（01）．

［106］赵天武．地方高校创业教育探索与实践［J］．湖北师范学院学报（哲学社会科学版），2009，29（01）．

［107］欧海燕．应用型本科院校创业教育模式的探索［J］．中国电力教育，2011，（17）．

［108］杨晓慧．我国高校创业教育与创新型人才培养研究［J］．中国高教

研究. 2015（01）.

　　［109］葛艳娜，路姝娟. 中德应用型本科师资队伍建设比较研究［J］. 上海第二工业大学学报，2011，（04）.

　　［110］刘建凤，武宝林. 高校教学团队建设与管理探析［J］. 中国大学教学，2013，（04）.

　　［111］刘海峰，顾永安. 我国应用技术大学战略改革与人才培养要素转型［J］. 职业技术教育，2014（10）.

学位论文类

　　［1］刘智慧. 大学生剑业教育现状及对策研究：以合肥工业大学为例［D］. 合肥工业大学，2015.

　　［2］王慧. 新形势下我国高校创业教育的现状与对策研究［D］. 内蒙古农业大学，2012.

　　［3］邹松林. 产教结合生态圈的建设路径研究：以 A 学院为例［D］. 江西农业大学，2016.

　　［4］王燕露. 新建地方本科院校人才培养模式研究［D］，山西大学，2013.

　　［5］李有彬. 黑龙江省工业城市教育资源整合研究［D］. 哈尔滨工程大学博士学位论文，2006.

　　［6］刘大革. 论城镇社区学校教育资源整合［D］. 华中师范大学硕士论文，2004.

　　［7］王萍. 地方本科院校创业教育研究［D］. 山东师范大学，2009.

　　［8］李姬理. 美国高校创业教育研究［D］. 首都师范大学，2008.

　　［9］王树生. 创业教育研究［D］. 东北师范大学，2003.

　　［10］习升阳. 我国大学生创业教育的理论与实践研究［D］. 华中科技大学，2007.

　　［11］赵军. 吉林大学学生创业教育模式研究［D］. 吉林大学，2007.

　　［12］吴婷. 应用型本科院校创业型人才培养路径的研究［D］. 哈尔滨理工大学，2014.

　　［13］朱兴国. 大学生创业教育模式探索［D］. 东北师范大学，2005.

　　［14］王燕露. 新建地方本科院校人才培养模式研究［D］. 山西大学，2013.

　　［15］安波. 高等学校创业教育模式研究［D］. 山东师范大学，2009.

　　［16］袁盎. 高校创业教育模式研究［D］. 上海师范大学，2012.

［17］靳亚楠. 新建地方本科院校"双师型"教师队伍建设研究［D］.河南师范大学，2016.

报纸类

［1］胡晓风. 关于更新教育思想、进行创业教育的探讨［N］.人民日报，1989—01—16（05）.

［2］李克强. 紧紧依靠改革创新增强经济发展新动力：在第八届夏季达沃斯论坛上的致辞［N］.人民日报，2014—9—11.（03）

文件类

［1］中共中央关于全面深化改革若干重大问题的决定［Z］.2013—11—15.

［2］国务院办公厅. 关于深化高等学校创新创业教育改革的实施意见［Z］.2015—05—04.

［3］现代职业教育体系建设规划（2014—2020 年）［Z］.2014—6—16.

［4］普通本科学校创业教育教学基本要求（试行）（教高厅［2012］4 号），2012—8—1.

［5］国务院办公厅关于深化高等学校创新创业教育改革的实施意见（国办发〔2015〕36 号），2015—5—4.

［6］普通高等学校本科教学工作审核评估实施办法.

报告类

［1］吉海涛. 辽宁高校科技资源整合研究［R］.沈阳工业大学，2003.

［2］中国教育科学研究院课题组. 欧洲应用技术大学国别研究报告［R］.中国教育科学研究院课题组，2013.

附　　录

调查问卷

本调查问卷针对三类人群：在校大学生、教师、创业者。调查问卷采取函调形式，将问卷邮寄给相关单位部门，委托其完成并寄回。课题组采用人工统计形式，了解有关大学生创业情况，主要进行质的分析，对大学生创业的基本看法和对创业教育的基本需求、教师对待大学生创业的基本态度和高校开展创业教育的基本状况、大学生创业者创业的基本情况和对待创业的意见建议加以分析。

创业教育调查（学生问卷）

为了解当前大学生对创业的基本看法和对创业教育的基本需求，本课题组开展此次问卷调查。感谢你的参与！

四川省社科规划项目课题组

2018 年 6 月

1. 学生基本信息

学校：　　　　　　　　　　　　　　　　专业：

性别：　　　　　　　　　　　　　　　　年龄：

2. 你是否有过创业经历（　　　）

A. 有　　　　　　　　　　　　　　　B. 没有

3. 你在创业方面有过哪些尝试？（　　　）

A. 无创业意向

B. 有创业意向，但没付诸行动

C. 有创业意向，参与过别人的创业活动

D. 策划过创业

E. 已开始创业

4. 你获取创业知识的途径有哪些？（可多选）（　　　）

A. 学校创业教育

B. 专业教师授课

C. 媒体和社会宣传

D. 网络

E. 创业实践

5. 你所在学校开展创业教育的途径有哪些？（可多选）（　　　）

A. 专业教育中融入了创业教育

B. 大学生创业基地

C. 创业活动

D. 开展创业咨询

E. 创业教育课程

F. 创业平台

6. 你所在学校开展创业的状况如何？（可多选）（　　）

A. 开设了创业教育课程

B. 学生工作部门组织了创业教育活动

C. 有专门指导教师

D. 建立了创业的咨询与服务体系

E 开展了创业技能训练

F. 其他（请注明：　　　　　　　　　　　　）

7. 你参加过学校组织大学生创业教育哪些方面的活动？（可多选）（　　）

A. 创业教学

B. 创业训练

C. 创业政策网络咨询

D. 创业讲座

E. 创业竞赛

8. 你认为当前大学生创业教育中存在的突出问题是什么？（可多选）（　　）

A. 创业平台缺乏

B. 创业训练效果不好

C. 专业教育与创业教育融合不够

D. 大学生重视不够

E. 创业教学效果不好

9. 你认为创业教育在大学的哪个阶段开展最适宜？（　　）

A. 一年级

B. 二年级

C. 三年级

D. 四年级

E. 全程

10. 你认为选择创业项目应从哪里开始？（　　）

A. 专业切入

B. 商机

C. 兴趣

D. 市场需求

11. 你现有的创业知识和能力能满足创业要求吗？（　　）

A. 满足

B. 基本满足

C. 不满足

12. 你最希望得到哪方面的创业指导？（可多选）（　　）

A. 创业知识

B. 创业技能

C. 创业政策

D. 创业经验

E. 其他（请注明：　　　　　　　　　　　　　）

13. 你最希望学校为创业提供哪方面支持？（可多选）（　　）

A. 资金

B. 设施、技术、政策

C. 平台

D. 课程

E. 指导

F. 其他（请注明：　　　　　　　　　　　　　）

14. 你认为专业教育与创业教育应该如何渗透？（　　）

A. 在专业概论中渗透创业教育

B. 在专业教育中渗透创业教育

C. 由熟悉本专业课程体系的专业课教师开设创业教育课程

D. 由有本专业创业经验的老师开设创业课程

E. 创业者开办讲座

15. 你最希望开设以下哪些创业课程？（可多选）（　　）

A. 创业知识

B. 创业素质

C. 案例分析

D. 创业策略

E. 其他（请注明：　　　　　　　　　　　　　）

16. 你对所在学校开展创业教育效果的总体评价是（　　）

A. 十分显著

B. 显著

C. 一般

D. 不显著

17. 你对所在学校创业教育的文件政策的知晓情况如何？（　　）

A. 十分了解

B. 基本了解

C. 不了解

18. 请结合自己的认识，谈谈怎样实现创业教育与专业教育的融合？

创业教育调查（教师问卷）

　　为了解教师对待大学生创业的基本态度和高校开展创业教育的基本状况，本课题组开展此项调查。感谢您的参与！

四川省社科规划项目课题组

2018 年 4 月

1. 教师基本情况

学校：　　　　　　　　学院（系）：　　　　　　　职称：

年龄：　　　　　　　　学历/学位：　　　　　　　　专业：

2. 您是否有创业经历？（　　　）

A. 有

2. 无

3. 您是否从事创业教育？（　　　）

A. 从事

B. 不从事

4. 您对大学创业教育必要性的认识（　　　）

A. 很有必要

B. 有必要

C. 没有必要

D. 无所谓

5. 您参与指导学生创业的形式主要有哪些（可多选）（　　　）

A. 学生社团活动

B. 个别学生创业指导

C. 挑战杯等创业活动

D. 产学研中指导学生创业

E. 其他（请注明：　　　　　　　　　　　　　）

6. 您认为在大学的哪个阶段开展创业教育时机最佳？（　　　）

A. 一年级

B. 二年级

C. 三年级

D. 四年级

E. 全程

7. 您认为创业教育的主要目的是什么？（可多选）（　　　）

A. 培育创业意识

B. 训练创业技能

C. 传授创业知识

D. 提高学生综合素质

8. 您所在学校开展创业教育的过程中遇到的最大的障碍是什么？（可多选）（　　　）

A. 没有纳入教学计划

B. 缺少创业教育师资

C. 缺乏与专业相关的创业教材

D. 缺乏创业文化

E. 专业教师缺乏创业经验

F. 学生创业意识不强

9. 您认为专业与创业之间关系是什么？（　　　）

A. 密切相关

B. 有关系，但是不大

C. 无关

10. 您认为应该重点从哪些方面开展创业教育？（　　　）

A. 纳入必修课

B. 设为选修课程

C. 开设创业讲座

D. 应用型专业开设为必修课，其他专业设为选修课

E. 其他（请注明：　　　　　　　　　　　　　　）

11. 您认为如何在专业教育中开展创业教育？（　　　）

A. 开设专业导论课程，在该课程中讲解创业成功案例并进行创业机会分析

B. 开设本专业创业必修课

C. 开设本专业概论，讲解本学科前沿、行业和市场动态及创业机会

D. 在各专业课程中渗透创业教育知识

E. 举办专业性创业讲座

F. 其他（请注明：   ）

12. 贵校院（系）目前创业教育师资队伍情况（   ）

A. 有院内专职师资队伍

B. 仅有兼职教师

C. 有专职和兼职教师

D. 没有创业教师

13. 贵院校（系）目前创业教育师资背景是（   ）

A. 教师自身有创业经验

B. 受过创业方面相关培训

C. 一般专业教师

14. 请您结合自己的认识，谈谈如何将创业教育与专业教育有机融合？

创业教育调查（创业者问卷）

为了解大学生创业者创业的基本情况和对待创业的意见建议，本课题组开展此项调查。感谢您的参与！

四川省社科规划项目课题组

2018 年 4 月

1. 创业成功者基本情况：

创业的领域：　　　　　　毕业院校：　　　　　　性别：

　年龄：

学历：　　　　　　专业：

2. 您从事创业的时间是（　　）

A. 在校期间

B. 大学毕业当年

C. 毕业后 2~5 年内

D. 毕业 5 年以上

3. 您创业的形式是（　　）

A. 创办企业

B. 连锁加盟或代理

C. 收购企业

D. 其他

4. 您选择的创业领域是（　　）

A. 与自身专业相关的领域

B. 自己感兴趣的领域

C. 热门的方向

D. 市场需求大的行业

E. 启动资金少且风险相对较低的行业

F. 其他（请注明：　　　　　　　）

5. 您创业的动机是（　　）

A. 就业

B. 实现自身价值

C. 爱好

D. 专业驱动

E. 其他（请注明：　　　　　　　　　　　）

6. 您在创业过程中遇到的最大障碍是（　　　）

A. 接受创业教育较少

B. 缺乏创业经验

C. 资金短缺

D. 面对风险心理承受能力不足

E. 相关专业知识不足

F. 其他（请注明：　　　　　　　　　　　）

7. 您认为创业需要具备哪些素质（可多选）（　　　）

A. 强烈的挑战精神

B. 出色的沟通及交际能力

C. 较好的专业知识

D. 管理及领导艺术

E. 良好的社会关系

F. 对市场的敏锐性

G. 其他（请注明：　　　　　　　　　　　）

8. 您认为影响创业成功最重要的因素是（　　　）

A. 市场环境

B. 创业能力

C. 政策支持

D. 创业机遇

9. 您认为大学所学的专业与创业之间关系是（　　　）

A. 密切相关

B. 有关系，但是不大

C. 没有关系

10. 您认为接受创业教育的最佳时机是在大学哪个阶段？（　　　）

A. 一年级

3. 二年级

C. 三年级

D. 四年级

E. 全程

11. 您认为创业教育的最佳形式是什么？（　　　）

A. 创业成功人士或创业领域专家的讲座

B. 创业教育选修课或必修课

C. 设立创业指导机构提供服务

D. 设立创业实践基地

E. 创业大赛

F. 其他（请注明：　　　　　　　　　　　）

12. 您认为创业教育的主要内容应当是（　　　）

A. 财务、税收、营销、法律等和企业有关的内容

B. 专业概况和前沿

C. 专业创业机会和成功案例

D. 创业者技能提升方法

13. 您认为创业最需要的支持是（　　　）

A. 项目

B. 资金

C. 平台

D. 咨询与服务

E. 培训

F. 其他（请注明：　　　　　　　　　　　）

14. 您认为以下哪种方式的创业教育更有效？（　　　）

A. 辅导员或就业指导教师讲授创业必修课或选修课

B. 创业者讲授创业经历和经验

C. 由创业成功者或企业家提供定期讲座

D. 专业教师以创业实践和创业模拟分析作为创业指导课程的主题

15. 您认为社会应该为大学生创业提供哪些方面的支持？（可多选）（　　　）

A. 资金支持

B. 专业化服务

C. 政策

D. 其他（请注明：　　　　　　　　　　　）

16. 您认为学校应该采取何种措施鼓励大学生创业？（可多选）（　　　）

A. 提供配套资金

B. 纳入大学科技园区提供场地、实验设备等环境和服务

C. 将创业课程纳入必修课

D. 提供相应的技术、政策支持

E. 其他（请注明：　　　　　　　　　　）

17. 您认为目前国家或地方政府出台的一些鼓励大学生创业的相关政策的效果如何？（　　）

A. 很显著

B. 显著

C. 一般

D. 不显著

18. 您对大学生创业还有哪些意见或建议？（请列举）

后　记

　　创业教育是经济社会发展的客观需要，也是高校建设发展与深化改革的需要。应用技术型人才是区域经济社会发展的现实需要，培养应用技术型人才是高校分类发展的必然结果，是区域性地方高校的主要任务。将创业教育融入应用技术型人才培养，是区域性地方高校建设发展、深化改革和实现内涵发展的新趋势。

　　创业教育融入应用技术型人才培养全过程涉及方方面面的问题，需要构建良好机制，探索适宜的路径。一方面需要将二者有机结合，另一方面需要将这一改革趋势与目前地方高校转型发展、产教融合、综合改革结合起来，同步推进，相得益彰。目前，关于应用技术型人才培养、创业教育的研究多而杂，层次不一，良莠不齐。本书在借鉴相关成果的基础上，比较全面系统地探讨了将创业教育融入应用技术型人才培养的机制与路径。由于本人学术水平所限，本书对有些问题的研究还存在一些缺陷和不足，对有些问题的研究也未能详尽，但愿本书能起到抛砖引玉的作用，引起理论界同仁对同类问题的浓厚兴趣与深入研究。本书是在广泛参考理论界同仁研究成果的基础上完成的，对于参考的文献，文中尽可能一一注明，但由于时间仓促，难免有所遗漏，为此，谨志谢忱与歉意！本书的完成，得益于攀枝花学院有关领导、同事的大力支持和真诚帮助，在此一并致谢！

寇尚乾

二〇一九年六月